JN445595

원서발췌
강재시화

고전 명작을 읽는 가장 쉬운 길,
'지식을만드는지식 원서발췌'

축약, 해설, 리라이팅이 아닙니다. 원전의 핵심 내용을 문장 그대로 가져옵니다. 작품의 오리지낼리티를 가감 없이 느낄 수 있습니다.
두껍고 읽기 어려워 책장을 덮어 버리곤 했던 고전을 발췌합니다. 해당 작품을 연구한 전문가가 작품의 정수를 가려 뽑아냅니다. 핵심만 읽기 때문에 더 빠르게 더 많은 고전을 읽을 수 있습니다. 제외된 부분은 중간중간 친절하게 요약 설명합니다. 풍부한 해설과 주석으로 전체 내용을 파악하는 데 무리가 없습니다. 정확한 번역, 적절한 윤문으로 10대에서 80대까지 누구나 쉽게 읽을 수 있습니다. 콤팩트한 사이즈와 분량이므로 간편하게 휴대할 수 있습니다. 수천 쪽의 고전을 발췌된 내용으로 읽고도 전체 의미를 파악할 수 있는 것이 지식을만드는지식 원서발췌의 매직입니다. 발췌율은 표지에 표시하고 발췌 방법은 일러두기에 상세히 밝힙니다.
고전 독자를 발췌 읽기에서 완역 읽기로, 더 나아가 원전 읽기로 안내합니다. 바쁜 현대인들에게 새로운 고전읽기 방법을 제시합니다.

원서발췌
강재시화

薑齋詩話

왕부지(王夫之) 지음
조성천 옮김

대한민국, 서울, 지식을만드는지식, 2026

편집자 일러두기

- 이 작품은 축자(逐字 : 글자 하나하나를 따라)번역한 것으로 원전의 조사 한 글자라도 그대로 살렸습니다. 대명사 등은 전후 문맥을 읽어 쉽게 짐작할 수 있는 것은 그대로 두었고 짐작하기 어려운 것은 괄호 안에 보충했습니다.
- 이 책은 《시역》, 《석당영일서론내편》, 《석당영일서론외편》, 《남창만기》 4권의 150조 중 54조를 실었습니다.
- 이 책은 원전의 인용된 시구의 출전을 밝혀 놓았습니다.
- 원문에는 한문에서 쓰는 문장부호를 그대로 사용하였습니다. 。기호는 문장을 마칠 때, 、기호(· 에 해당)는 단어나 구를 나열할 때 사용했습니다.
- 이 책은 2012년 1월 10일 '천줄읽기' 시리즈로 처음 출간했습니다. 이번에 '원서발췌' 시리즈로 옮겨 출간합니다.

차례

시역(詩譯)

제2조 "시(詩)로 흥기할 수, 관찰할 수, 함께할 수, 원망할 수 있다는 것"은 지극한 것이다 • 3

제3조 뜻이 먼저 가슴 속에 온양되고, 작품이 완성된 뒤에도 흘러 퍼져야 • 7

제4조 즐거운 경물(景物)로 슬픔을, 슬픈 경물(景物)로 즐거움을 표현하면, 그 감정은 배가되어 드러나 • 9

제7조 간결한 언어의 극치 • 11

제8조 경물의 본질까지 묘사해야 • 13

제10조 시구(詩句)는 끝났지만 시어(詩語)는 이어지고, 시운(詩韻)은 변했지만 시의(詩意)는 변하지 않아야 • 15

제12조 시가 역사가 되지 못하는 것은 입과 눈이 서로를 대신하지 못하는 것과 같아 • 18

제14조 사리(思理)가 있어야 시를 이해할 수 있어 • 21

제16조 경(景)은 정(情)을 낳고, 정(情)은 경(景)을 낳아 • 23

석당영일서론내편(夕堂永日緖論內編)

제2조 시가나 문장은 모두 '표현하고자 하는 뜻[意]'이 주가 되어야 • 29
제3조 '세(勢)'를 취해서 '의(意)'를 표현해야 • 31
제4조 고아하고 초탈한 '가슴'이 있어야 훌륭한 작품이 나와 • 33
제5조 '정(情)'에 따르고 '경(景)'에 따르면 자연 영묘(靈妙)해져 • 36
제6조 '빈(賓)'과 '주(主)'가 하나로 융합되어야 • 38
제7조 몸으로 경험하고 눈으로 목도하여 솟아나는 형상을 표현해야 • 40
제9조 고시(古詩)에는 천연의 뛰어넘을 수 없는 법도가 있어 • 42
제13조 사법(死法)이 세워지는 것은 식량(識量)이 협소하기 때문 • 45
제14조 '정(情)' 속에 '경(景)'이 있고 '경(景)' 속에 '정(情)'이 있어야 • 49
제16조 마음으로 느끼고 눈으로 보는 가운데서 뛰어난 시구가 나와 • 51
제18조 '장법(章法)'으로 시법을 삼아야 • 53
제20조 음률은 귀에 감미롭고 마음에 화합을 이루어야 • 57

제24조 경(景)을 묘사한 말이라도 정(情)이 깃들어 있어야 • 62
제27조 경물에 직면 감흥(感興)을 일으키고, 경물을 체험 신리(神理)를 얻어야 • 64
제29조 문파가 세워지면 예술 생명은 사라져 • 67
제30조 문파의 건립은 '건안(建安)'에서 시작 • 75
제31조 문파가 세워지면, '재자(才子)', '명가(名家)'로 일컬어지는 것은 까닭이 있어 • 86
제35조 창작에서 출처를 구하는 것은 가소로운 짓 • 90
제38조 칠언절구는 솔직담백하게 필치를 운용하고 자연스럽게 써야 • 93
제42조 지척(咫尺)에 만리(萬里)의 기세가 있어야 • 97
제43조 오언, 칠언절구의 이상적인 작법 • 99
제45조 여러 종류의 '악시(惡詩)' • 102
제47조 '악시(惡詩)'보다 더욱 천한 것은 고용 시인의 시 • 108

석당영일서론외편(夕堂永日緒論外編)

제2조 이백(李白)과 두보(杜甫)가 대가(大家)가 된 것은 까닭이 있어 • 113
제6조 경의(經義)의 이상 작법 • 117

제7조 한 글자라도 생사와 관련된 것처럼 사용해야 • 119
제9조 대우(對偶)는 뜻으로 주인을 삼아 영활(靈活)하게 • 121
제11조 한 편에는 하나의 뜻을 표현해야 • 124
제12조 경의(經義)는 그 고유의 체제가 있어 • 126
제14조 대가(大家)는 '사법(死法)'을 묵수(墨守)하지 않아 • 128
제23조 생동적인 글자를 죽은 글자로 대신할 수 없어 • 130
제25조 고인의 문장은 자신의 마음으로 읽고 그 정수를 얻어야 • 132
제32조 뜻을 충분하게 표현하기 위해서라면 어려운 글자라도 피하지는 않아 • 133
제33조 글을 짓는 사람은 말을 반드시 신중하게 가리고 골라서 써야 • 135
제34조 고금 서적을 섭렵하여 속루(俗陋)를 제거하고, 심령이 발동하여 예술미를 추구해야 • 137
제36조 이지(李贄)는 말재주로 천하를 현혹 • 139
제37조 문장은 본래 청정한 선업(善業) • 143
제44조 글도 반드시 충직하고 신실한 행위를 바탕으로 해서 나와야 • 147

제54조 천직(天職)을 끝맺지 못했는데, 하늘이 무너지고 문장이 끊어지니 목이 메어 • 149

남창만기(南窗漫記)

제1조 나의 부친에 대한 감회 • 155

제3조 양동명(梁東銘) 선생의 시는 청아하고 빼어나 • 158

제4조 망우(亡友) 문소용(文小勇)의 유유자적한 생활 • 161

제5조 대련(對聯)은 간명(簡明)함을 위주로 하기 때문에 공교하기 어려워 • 163

제6조 임오(壬午)년 초가을에 벗들과 회동 • 166

제10조 고휘전(高彙旃) 선생의 귀감이 되는 말 • 170

해설 • 173

지은이에 대해 • 179

옮긴이에 대해 • 180

시역(詩譯)

제2조

"시(詩)로 흥기할 수, 관찰할 수, 함께할 수, 원망할 수 있다는 것"은 지극한 것이다

"시(詩)로 흥기할 수 있고, 관찰할 수 있고, 함께할 수 있고, 원망할 수 있다"고 한 것은 지극한 것이다. 이로써 한(漢)·위(魏)·당(唐)·송(宋)의 아속(雅俗)과 득실(得失)을 변별할 수 있고, 《시경(詩經)》을 읽는 것은 반드시 이것 때문이다. '(시)로 될 수 있다[可以]'는 것은 (시의 어느 것으)'로'도 모두 [흥관군원(興觀群怨)의 작용이] '될 수 있다'는 것이다. 흥기한 바에서 관찰할 수 있으니 그 흥기는 깊고, 관찰한 바에서 흥기할 수 있으니 그 관찰은 세밀하다. 그 함께하는 것으로 원망하니 원망은 더욱 잊히지 않는다. 그 원망하는 것으로 함께하니 함께하는 것은 이에 더욱 진지하다. 사정(四情)의 밖에서 나와서 사정을 일으키고, 사정의 가운데서 노니니 정(情)은 막히는 바가 없다. 작자는 일치된 생각을 표현하지만, 독자는 각각 자기 정(情)으로 스스로 체득한다. 때문에 〈관저(關雎)〉는 흥기[興]하는 것이지만, 강왕(康王)이 조회에 태만함에 있어서 바로 (그것을) 밝게 살피는 것이 되었다. "위대한 계획 정령으로 정해지고, 원대한 정책 시기에 따라 선포되네"는 관찰[觀]하는 것이다. (그러나) 사안(謝安)은 감상하고서 (이로써) 그 원대한 마음을 증가시켰다. 인정(人情)의 노님은 끝이 없고 각기 자기의 정(情)으로 만나니, 이것은 시가 있는 데서 귀중하게 되는 바이다. 그러므로 안연지(安延之)는 사영운(謝靈運)보다 못하고, 송시(宋詩)와 당시(唐詩)의 우열이 생겨나게 된 것이다. 사방득(謝枋得)·우집(虞集)이 시(詩)를 해설하는 것은 일정하게 갈라서 뿌리까지 파 들어가니 어떻게 이를 알 수 있으리오?

"詩可以興, 可以觀, 可以群, 可以怨。"[1] 盡矣。辨漢 魏、唐、宋之雅俗得失以此, 讀《三百篇》者必此也。"可以"云者, 隨所"以"而皆"可"也。於所興而可觀, 其興也深; 於所觀而可興, 其觀也審。以其群者而怨, 怨愈不忘; 以其怨者而群, 群乃益摯。出於四情[2]之外, 以生起四情; 遊於四情之中, 情無所窒。作者用一致之思, 讀者各以其情而自得。故〈關雎〉[3], 興也; 康王晏朝, 而卽爲氷鑑。"訏謨定命, 遠猷辰告。"[4] 觀也; 謝

---

1) "시가이흥(詩可以興)" 이하 네 구절 : 《논어(論語) · 양화(陽貨)》에 보인다.

2) 사정(四情) : 흥(興), 관(觀), 군(群), 원(怨)을 말함.

3) 〈관저(關雎)〉 : 《시경(詩經) · 국풍(國風) · 주남(周南)》의 첫 편.

4) "우모정명, 원유진고(訏謨定命, 遠猷辰告)" : 《시경(詩經) · 대아(大

安[5]欣賞，而增其遐心。人情之遊也無涯，而各以其情遇，斯所貴於有詩。是故延年[6]不如康樂[7]，而宋、唐之所繇升降也。謝疊山[8]、虞道園[9]之說詩，井畵而根掘之，惡足知此?

雅)·억(抑)》의 시구.

5) 사안(謝安, 320~385) : 자(字)는 안석(安石), 진군 하양(陳郡夏陽)[지금의 허난(河南) 타이캉현(太康縣)] 사람이다. 동진(東晋)의 정치가로 관직이 사도(司徒)에 이르렀다.

6) 연년(延年) : 안연지(顔延之, 384~456). 자(字)가 연년(延年)이고, 남조(南朝) 송(宋)의 시인으로 낭야임기(琅邪臨沂)[지금의 산둥(山東) 린이시(臨沂市)] 사람이다.

7) 강락(康樂) : 사영운(謝靈運, 385~433). 진군 하양(陳郡夏陽) 사람이다. 진(晉)의 사현(謝玄)의 손자로 대대로 강락공(康樂公)으로 봉해졌기 때문에 그를 사강락(謝康樂)으로 불렀다.

8) 사첩산(謝疊山) : 사방득(謝枋得, 1226~1289). 자(字)는 군직(君直), 호(號)는 첩산(疊山), 신주 익양(信州弋陽)[지금의 장시(江西) 이양현(弋陽縣)] 사람이다. 보우(寶祐) 4년(1256)에 진사(進士)가 되었다. 송(宋)나라 말년에 강동제치사(江東制置使)가 되었다. 원(元)나라 군대가 임안(臨安)을 격파하자 익양(弋陽)에서 의병을 일으켰는데 의병이 패하자 자취를 감추었다. 나중에 협박을 당하여 연경(燕京)으로 돌아와 곡기를 끊고 죽었다.

9) 우도원(虞道園) : 우집(虞集, 1272~1384). 자(字)가 백생(伯生), 호(號)는 도원(道園)이고, 소암선생(邵庵先生)으로 불렸다. 원(元)의 시인·문학가로, 임주 숭인(臨州崇仁)[지금은 장시(江西)에 속함] 사람이다. 대도유학제거(大都儒學提擧)로 천거되고, 관직이 규장각시서학사(奎章閣侍書學士)에 이르렀다. 시에서 양재(楊載)·범곽(范梈)·양혜

사(揚傒斯)와 이름을 다투었고, 이들과 함께 '원시사대가(元詩四大家)'로 불렸다. 저작으로《도원학고집(道園學古集)》이 있다.

제3조
뜻이 먼저 가슴 속에 온양되고, 작품이 완성된 뒤에도 흘러 퍼져야

"거전초(車前草)를 캐고 캐네"는 뜻이 언어로 표현되기 전에도, 언어로 표현된 뒤에도 조용히 잠겨 있으면서 자연스럽게 그 기상을 자아낸다. 오언시 중에서 《고시십구수(古詩十九首)》가 그런대로 이러한 취지를 체득하였으며, 도연명(陶淵明)은 어느 정도 비슷하다 할 수 있고, 그 이후로는 끊어졌다. (도연명의) "동쪽 울타리 아래에서 국화를 따다가 유연(悠然)히 남산(南山)을 바라보네", "뭇 새들 의탁할 곳이 생긴 것 기뻐하고, 나 또한 나의 초려를 좋아한다네"는 위응물(韋應物)의 "위병(衛兵)은 창으로 삼엄하게 경계 서고, 궁실에는 청향(淸香)이 엉기어 있네"가 도달할 수 있는 바가 아니다.

"采采芣苢"10), 意在言先, 亦在言後, 從容涵泳, 自然生其氣象。

---

10) "채채부이(采采芣苢)" : 《시경(詩經) · 주남(周南) · 부이(芣苢)》의 시구. '부이(芣苢)'는 '거전초(車前草)'로 일종의 야채지만, 약용으로도 사용되었다. 옛날에는 이것의 씨앗으로 여자들의 불임과 난산을 치료

卽五言中, 《十九首》11) 猶有得此意者, 陶令12)差能彷彿, 下此絶矣。"采菊東籬下, 悠然見南山"13), "衆鳥欣有託, 吾亦愛吾廬"14), 非韋應物15)"兵衛森畫戟, 燕寢凝淸香"16)所得而問津也。

하였다.

11) 《십구수(十九首)》: 소통(蕭統)의 《문선(文選)》에 수록된 무명씨의 작품 《고시십구수(古詩十九首)》를 말한다. 대부분 동한(東漢) 때 지어졌다.

12) 도령(陶令) : 도연명(陶淵明)을 말한다. 그가 일찍이 팽택령(彭澤令)을 지낸 적이 있어서 도령(陶令)이라 하였다.

13) "채국동리하, 유연견남산(采菊東籬下, 悠然見南山)" : 도연명(陶淵明)의 〈음주(飮酒)〉 시 20수 중 다섯 번째 시의 시구.

14) "중조흔유탁, 오역애오려(衆鳥欣有託, 吾亦愛吾廬)" : 도연명의 〈독산해경(讀山海經) 〉 시 13수 중 첫 번째 시의 시구. '탁(託)'은 '탁(托)'으로 된 경우도 있다.

15) 위응물(韋應物, 대략 737~791) : 당(唐)나라 시인으로 경조장안(京兆長安)[지금의 산시(陝西) 시안(西安)] 사람이다.

16) "병위삼화극, 연침응청향(兵衛森畫戟, 燕寢凝淸香)" : 위응물의 〈군재우중여제문사연집(郡齋雨中與諸文士燕集)〉의 시구.

제4조
즐거운 경물(景物)로 슬픔을, 슬픈 경물(景物)로 즐거움을 표현하면, 그 감정은 배가되어 드러나

"옛날 내가 수자리 나갈 때 수양버들 하늘거렸고, 지금 내가 돌아올 때 눈비 펄펄 내리네"는 즐거운 경물로 슬픔을 묘사하고 슬픈 경물로 즐거움을 묘사하여 그 슬픔과 즐거움을 배나 증가시켰다. 이를 알면 "몸은 천관(千官)의 행렬 안에 있고, 마음은 칠교(七校)의 위무 앞에서 사르르 녹네"와 "종남산(終南山)의 산 빛은 그대로 있고, 청명한 기운 여전히 장안(長安)에 가득하네"는 정(情)의 깊이와 크기가 드러난다. 하물며 맹교(孟郊)처럼 갑자기 웃다가 마음이 미혹해지고 갑자기 울다가 혼백이 나간 사람에게 있어서랴?

"昔我往矣, 楊柳依依; 今我來思, 雨雪霏霏。"[17] 以樂景寫哀, 以哀景寫樂, 一倍增其哀樂。知此, 則 "影靜千官裏, 心蘇七校前"[18], 與 "唯有終南山色在, 晴明依舊滿長安"[19], 情之深淺宏

---

17) "석아왕의(昔我往矣)" 이하 네 구절 : 《시경(詩經) · 소아(小雅) · 채미(采薇)》의 시구.

險見矣。況孟郊之乍笑而心迷，乍啼而魂喪者乎?[20]

18) "영정천관리, 심소칠교전(影靜千官裏, 心蘇七校前)" : 두보(杜甫)의 〈희달행재소(喜達行在所)〉 3수 가운데 세 번째의 시구.

19) "유유종남산색재, 청명의구만장안(唯有終南山色在, 晴明依舊滿長安)" : 이증(李拯)의 〈퇴조망종남산(退朝望終南山)〉의 시구.

20) "황맹교지사소이심미, 사제이혼상자호(況孟郊之乍笑而心迷, 乍啼而魂喪者乎)?" : 왕부지는 《독사서대전설(讀四書大全說)》 권2에서 "맹교(孟郊)의 문장으로 진사에 오르는 것이 어찌 될 수 없으리오? 그러나 되지 못했을 때 '방(榜) 앞에서 눈물 흘리며 뭇 사람들 속에서 자신이 부끄러웠네'라고 하여 행운을 기대하는 것은 될 수 없는 일이라고 여겼다가, 이미 (진사가 되는 행운을) 얻게 되었을 때는 '봄바람 살랑대는데 뜻을 얻으니 말을 질주하여, 하루에 장안(長安)의 꽃을 두루 보네'라고 하여 그 기쁨을 끝없이 드러내었으니, 마치 하늘에서 떨어진 듯이 하였다(以孟郊之文, 登一進士, 亦豈其不當得. 乃未得之時, 則云 '榜前下淚, 衆裏嫌身', 旣視爲幾幸不可得之事; 迨其旣得, 而云 '春風得意馬蹄疾, 一日看遍長安花', 其欣幸無已, 如自天隕者然。)"라고 하였다.
이곳의 이른바 "갑자기 웃다가 마음이 미혹해지고, 갑자기 울다가 혼백이 나갔다"라고 한 것은 바로 이를 말한다. 왕부지가 자기 한 사람의 과거의 득실에만 마음을 얽매여 마음이 좁은 것을 놀린 것이다.

제7조
간결한 언어의 극치

"대궐 뜰의 화톳불이 빛나도다"는 새벽에 가까워지는 모습을 묘사한 것으로 이보다 뛰어난 것이 없다. 새벽 기운이 점점 밝아지고 붉은 빛이 연기에 뒤섞이어 어두워졌는데 단지 "유휘(有煇)" 두 글자로 그것을 묘사하였다. 당(唐)나라 시인의 〈제석(除夕)〉 시 "궁전 뜰의 촛대에서 피는 연기는 하늘로 오르네"와 같은 구는 제야(除夜)의 광경을 묘사한 것으로 이와 비슷하나 간결이 지극함에 있어서는 매우 미치지 못한다. "꽂은 칼과 패옥을 찬 조신(朝臣)을 맞이하고" 네 글자는 거의 몽롱한 새벽 기운을 생생하게 묘사하였으나, 또 "별이 막 떨어지네"라고 한 것은 흔적이 완전히 드러났다. 《시경(詩經)》에 미칠 수 없음을 더욱 탄식한다.

"庭燎有煇"21), 鄉晨之景22), 莫妙於此。晨色漸明, 赤光雜煙

---

21) "정료유휘(庭燎有煇)" : 《시경(詩經) · 소아(小雅) · 정료(庭燎)》의 시구. '정료(庭燎)'는 나라에 큰일이 있을 때 밤중에 입궐하는 신하들을 위해 대궐의 뜰에 피우는 화톳불.

而黯黮, 但以 "有煇"二字寫之。唐人〈除夕〉詩 "殿庭銀燭上熏天"[23] 之句, 寫除夜之景, 與此彷彿, 而簡至不逮遠矣。"花迎劍佩"[24] 四字, 差爲曉色朦朧傳神; 而又云"星初落", 則痕迹露盡。益歎《三百篇》之不可及也。

---

22) "향신지경(鄕晨之景)" : '향(鄕)'은 '향(向)'과 같다. 하늘이 점점 밝아지는 모습을 나타낸다.

23) "전정은촉상훈천(殿庭銀燭上熏天)" : 두심언(杜審言)의 〈수세시연응제(守歲侍讌應制)〉의 시구.

24) "화영검패(花迎劍佩)" : 잠삼(岑參)의 〈봉화중서가지사인조조대명궁(奉和中書賈至舍人早朝大明宮)〉의 시구.

제8조
경물의 본질까지 묘사해야

소식(蘇軾)이 "뽕잎이 시들지 않았을 때, 그 잎은 부드럽고 윤기 흐르네"는 경물을 묘사함이 뛰어나니 "부드럽고 윤기 흐르네(沃若)"가 아니면 뽕잎을 말하기에 부족하고, 뽕잎이 아니면 "부드럽고 윤기 흐르네(沃若)"라고 하기에 부족하다고 하니 진실로 그러하다. 그러나 경물의 형태[物態]는 파악했지만, 경물의 본질[物理]은 파악하지 못했다. "복숭아 어리고 예쁘게 자라고 그 잎은 우거졌네", "만발한 그 꽃", "주렁주렁 달린 그 열매"와 같은 것이라야 경물의 본질을 궁구한 것이다. 요요(夭夭)라는 것은 복숭아가 어린 것을 형용한 것이다. 복숭아가 두 손으로 잡을 정도로 커지면 진액이 흐르고 나무좀이 뭉쳐 있어 꽃은 화려하지 않고 잎은 무성하지 않으며 열매는 많이 열리지 않는다. 어린 나무 약한 가지, 아리따우며 곱고 무성한 것이라야 [요요(夭夭)라는 수식을] 더함이 있게 될 뿐이다.

蘇子瞻謂 "桑之未落, 其葉沃若"25), 體物之工, 非 "沃若"不足以言桑, 非桑不足以當 "沃若", 固也。然得物態, 未得物理。"桃之夭夭, 其葉蓁蓁", "灼灼其華", "有蕡其實"[26], 乃窮物理。夭夭者, 桃之穉者也。桃至拱把以上, 則液流蠹結, 花不榮, 葉不盛, 實不蕃。小樹弱枝, 婀娜妍茂爲有加耳。

---

25) "상지미락, 기엽옥약(桑之未落, 其葉沃若)" : 《시경(詩經) · 위풍(衛風) · 맹(氓)》의 시구.

26) "도지요요, 기엽진진(桃之夭夭, 其葉蓁蓁)", "작작기화(灼灼其華)", "유분기실(有蕡其實)" : 《시경(詩經) · 주남(周南) · 도요(桃夭)》의 시구.

제10조

시구(詩句)는 끝났지만 시어(詩語)는 이어지고, 시운(詩韻)은 변했지만 시의(詩意)는 변하지 않아야

시구는 끊어졌지만 시어는 끊어지지 않고, 시운은 변했지만 시의는 변하지 않아야 하니, 이는 시가(詩家)에서 반드시 알아야 하는 법칙이다. "하늘이 현조(玄鳥)에게 명하여 내려와 상(商)을 탄생시키니"에서 내려온다[降]는 것은 현조가 내려온다는 것으로 구(句)는 끊어질 수 있으나, 언어는 끝나지 않은 것이다. "또한 돌아와 내 사복을 비벼 빨고, 또한 돌아와 내 예복을 세탁하네. 어느 것은 빨고 어느 것은 빨지 않을까? 돌아가 부모에게 문안드리리"는 뜻이 서로 이어지면서 운이 바뀐 것이다. 모든 고금의 작자들이 이에서 따르고 말미암지 않음이 없으니, 그렇지 않으면 문기(文氣)가 끊어지고 신기(神機)가 흩어져서 마치 잘려진 뱀이나 쪼개진 오이와 같다. 근자에 오중(吳中)의 고몽린(顧夢麟)이란 사람은 팔고문(八股文)이나 가르치는 글방 선생의 견식으로 시를 말하였으니, (운이) 전환되는 곳을 만나면 나누고 갈라서 별도로 하나의 뜻을 세웠다.

시(詩)로써 시를 해석하지 않고 글방 선생의 비루(鄙陋)한 견해로 시를 해석하여, 고인(古人)의 고아(高雅)한 법도와 심오(深奧)한 언사가 서로 연결되지 못하도록 하였다. 시를 배우는 데 있어서 비루하면 그 폐단이 반드시 이런 지경에 이른다.

句絕而語不絕, 韻變而意不變, 此詩家必不容昧之幾也。"天命玄鳥, 降而生商。"[27]降者, 玄鳥降也, 句可絕而語未終也。"薄污我私, 薄澣我衣。害澣害否? 歸寧父母。"[28] 意相承而韻移也。盡古今作者, 未有不率繇乎此, 不然, 氣絕神散, 如斷蛇剖瓜矣。近有吳中顧夢麟[29]者, 以帖括塾師[30]之識說詩,

---

27) "천명현조, 강이생상(天命玄鳥, 降而生商)" : 《시경(詩經) · 상송(商頌) · 현조(玄鳥)》의 시구.

28) "박오아사(薄污我私)" 이하 네 구절 : 《시경(詩經) · 주남(周南) · 갈담(葛覃)》의 시구.

29) 고몽린(顧夢麟) : 자(字)가 인사(麟士)이고, 사람들이 섬렴선생(纖簾先生)으로 불렀으며, 강소(江蘇) 태창(太倉) 사람이다. 명(明) 숭정(崇禎) 때 부공(副貢)을 지냈고, 일찍이 장보(張溥) · 장채(張采) · 양정추(楊廷樞) 등과 응사(應社)[복사(復社)의 전신]를 조직하였다. 명나라가 망하자 여러 지역을 전전하였고, 가르치고 저술하면서 생을 마감하였다. 저작에 《시경설약(詩經說約)》 · 《사서설약(四書說約)》 · 《섬렴거시문집(纖簾居詩文集)》 등이 있다.

30) 첩괄숙사(帖括塾師) : 첩괄(帖括)은 과거 고시 문체의 하나이다.

遇轉則割裂, 別立一意。不以詩解詩, 而以學究之陋解詩, 令古人雅度微言, 不相比附。陋于[31]學詩, 其弊必至於此。

명 · 청 시대에는 팔고문(八股文)을 첩괄(帖括)이라고도 하였다. 숙사(塾師)는 글방 선생을 말한다.

31) "우(于)" : 《담예주총(談藝珠叢)》 본에는 '유(儒)'로 되어 있고, 《청시화(淸詩話)》 본에는 '자(子)'로 되어 있다.

제12조
시가 역사가 되지 못하는 것은 입과 눈이 서로를 대신하지 못하는 것과 같아

[두보(杜甫)의] "괵국부인(虢國夫人)과 진국부인(秦國夫人)으로 책봉되었다"라는 시는 (《시경(詩經)》의) "미인 맹강(孟姜)이여", "미인 맹익(孟弋)이여", "미인 맹용(孟庸)이여"와 동일한 수법으로, 옛날에도 거리낌 없이 하는 말이 있었으니, 《시경(詩經)》 가운데 원망하며 비방하고, 직언하며 비방한 것이다. 공자(孔子)가 (이러한 시를) 보존하고 없애지 않은 것은 위(衛)의 정치가 어지럽고, 민중이 떠나가며, 사람들이 그 윗사람을 속이는 것을 보여주기 위한 것이다. 그러나 두보(杜甫)는 이로써 '시사(詩史)'의 명예를 얻었다. 무릇 시가 역사가 되지 못하는 것은 마치 입과 눈이 서로 대신하지 못하는 것과 같이 오래되었다. 《노송(魯頌)》은 노풍(魯風)이고, 《상송(商頌)》은 송풍(宋風)이다. 천자의 예악을 사용하였기 때문에 그 이름을 따라서 '송(頌)'이라 하였다. 그것은 교외 제사에서 당(堂)에 올라 연주하는 노래인데 문장에는 부끄러움이 없으나 과시하는 마음이 드러났다. "북은 둥둥 울리고, 취하여 춤추

니, 아! 서로 즐거워하도다"는 〈요취(鐃吹)〉·〈백저(白紵)〉와 그 관현의 급박하고 번잡한 리듬, 패도가 섞인 풍격을 함께하였다. 포조(鮑照)·이백(李白)·조업(曹鄴)이 이것을 가지고 시를 지었다.

"賜名大國虢與秦"[32], 與"美孟姜矣"、"美孟弋矣"、"美孟庸矣"[33]一轍, 古有不諱之言也, 乃《國風》之怨而誹, 直而絞者也。夫子存而弗刪, 以見衛之政散民離, 人誣其上; 而子美以得"詩史"之譽。夫詩之不可以史爲, 若口與目之不相爲代也, 久矣。《魯頌》, 魯風也; 《商頌》, 宋風也: 以其用天子之禮樂, 故仍其名曰"頌"。其郊禘之升歌[34]也, 乃文之無慙, 侈心形焉。"鼓咽咽, 醉言歸, 于胥樂兮。"[35] 與〈鐃吹〉[36]、

32) "사명대국괵여진(賜名大國虢與秦)" : 두보(杜甫)의 〈여인행(麗人行)〉의 시구.

33) "강맹강의(美孟姜矣)" 이하 세 구절 : 《시경(詩經)·용풍(鄘風)·상중(桑中)》의 시구.

34) "교체지승가(郊禘之升歌)" : '교체(郊禘)'는 교외 제사를 말한다. '승가(升歌)'는 제례(祭禮)나 연회(宴會) 때 당(堂)에 올라 연주하는 노래.

35) "고인인(鼓咽咽)" 이하 세 구절 : 《시경(詩經)·노송(魯頌)·유필(有駜)》의 시구.

36) 〈요취(鐃吹)〉 : 한(漢)의 〈요가(鐃歌)〉로 '고취곡사(鼓吹曲辭)'에 속하며 군대의 음악이다. 《악부시집(樂府詩集)》에는 한(漢)나라의 〈고취요가(鼓吹鐃歌)〉 18곡이 있다.

〈白紵〉37)同其管急絃繁之度, 雜霸之風也。鮑昭38)、李白、曹鄴39)以之。

37) 〈백저(白紵)〉 : 진(晉)의 〈백저무(白紵舞)〉로 '무곡가사(舞曲歌辭) · 잡무류(雜舞類)'에 속한다.

38) 포소(鮑昭) : 남조(南朝) 송(宋)의 시인 포조(鮑照)를 말한다. 각 판본에는 모두 '소(昭)'로 되어 있다. 대홍삼(戴鴻森)은 《송서(宋書)》·《남사(南史)》에 근거하여 '소(昭)'를 조('照)'로 수정하였다. 그는 두 글자가 혼용(混用)된 것은 '조(照)'를 휘(諱)한 데서 비롯되었다고 하였다. 포조는 자가 명원(明遠)이고 동해(東海)[지금의 산둥(山東) 탄청현(郯城縣)] 사람이다. 가세(家世)가 빈천하였지만, 송(宋)의 임천왕(臨川王) 유의경(劉義慶)에게 문재(文才)를 인정받아 국시랑(國侍朗)으로 임명되었다가 말릉령(秣陵令)으로 천거되었으며 벼슬이 전군참군(前軍參軍)에 이르렀다. 불행히 형주(荊州)의 병란에 죽었다. 현존하는 그의 200여 수의 작품은 대부분 칠언악부(七言樂府)로, 문벌제도의 억압 아래에서 뜻을 얻지 못한 선비들의 불평을 표현하였다.

39) 조업(曹鄴, ?~?) : 자(字)는 업지(鄴之)로 계주 양삭(桂州陽朔)[지금의 광시(廣西)에 속함] 사람이다. 가정이 빈한하였고, 과거에 응시하기 위해 장안(長安)에서 10여 년을 곤궁하게 지냈지만 여러 차례 낙방하였다. 당(唐) 대중(大中) 연간에 진사에 올라 태상박사(太常博士), 사부낭중(祠部朗中) 벼슬을 하였고, 양주자사(洋州刺史)를 지냈다. 그의 시는 대부분 악부체(樂府體)로 당시 어두운 현실을 풍자하고 폭로하는 작품이 많다. 《조사부집(曹祠部集)》 2권이 있다.

제14조
사리(思理)가 있어야 시를 이해할 수 있어

사영운(謝靈運)의 작품은 하나의 뜻이 선회왕복하며 사리(思理)를 극진하게 드러내니, 그의 작품을 읊조리면 사람의 조급한 뜻이 사라진다. 〈소완(小宛)〉은 다만 이쁜만 아니니 정(情)은 서로 비슷하지만 이(理)가 더욱 우세하다. 왕경미(王敬美)는 “시(詩)는 묘오(妙悟)가 있는데 이(理)와 관계되는 것은 아니다”라고 하였지만, 이(理)가 아니면 또한 장차 어떻게 깨달을 수 있으리오?

謝靈運一意回旋往復, 以盡思理, 吟之使人卞躁之意消。〈小宛〉[40] 抑不僅此, 情相若, 理尤居勝也。王敬美謂 : “詩有妙悟, 非關理也”[41], 非理抑將何悟?

---

40) 〈소완(小宛)〉 : 《시경(詩經) · 소아(小雅) · 소완(小宛)》을 말한다.

41) 이 말은 본래 엄우(嚴羽)의 《창랑시화(滄浪詩話)》에 다음과 같이 보인다. “무릇 시를 쓰는 데는 특별한 재능이 있는데 책과 관계되는 것은 아니고, 시에는 별도의 정취가 있는데 이치와 관계되는 것은 아니다(夫詩有別才, 非關書也; 詩有別趣, 非關理也).” “대저 선(禪)의 도(道)는 오직 묘오(妙悟)에 있는데, 시(詩)의 도(道) 또한 묘오에 있다(大抵禪道惟在妙悟, 詩道亦在妙悟).”

왕세정(王世貞)[원미(元美)]이 일찍이 《예원치언(藝苑卮言)》 권일(卷一)에서 이것을 인용하였는데, 왕부지는 여기에서 그 원래의 출전을 생략하였고, 또 그의 아우인 왕세무(王世懋)[경미(敬美)]의 말로 잘못 생각하였다.

제16조
경(景)은 정(情)을 낳고, 정(情)은 경(景)을 낳아

흥(興)은 의식이 있는 듯 없는 듯한 사이에 있고, 비(比) 또한 새기고 파는 것을 허용하지 않는다. 정(情)과 관계되는 것은 경(景)으로 자연히 정(情)과 서로 호박(琥珀)과 개자(芥子)가 된다. 정(情)과 경(景)은 비록 마음에 있고 외물에 있는 구분은 있으나 경(景)은 정(情)을 낳고 정(情)은 경(景)을 낳으니, 슬픔과 기쁨의 감정이 촉발되고, 영고성쇠의 경물이 맞이하는 것은 서로 그 집을 간직하고 있어서이다. 자연의 정감(天情)과 사물의 이치(物理)는 슬플 수도 있고 기쁠 수도 있으니 그것을 사용함에 다함이 없고, 유동하여 막힘이 없다. 다함이 있고 막히게 하는 것은 이러한 이치를 알지 못해서이다. "오초(吳楚)는 동남(東南)으로 나뉘어 있고, 일월(日月)이 주야로 뜨네"는 그것을 얼핏 읽으면 웅혼하고 호방한 듯하지만, "친지에게 소식 한 자 없고, 늙고 병든 나에게 외로운 배만 남았네"와 서로 융합(融合)하는 데 적합하다. "찬란한 저 은하수"는 인재 육성을 찬송하는 사람은 그것의 광휘(光輝)를 한층 드러나게 하지만, 가뭄이 심한 것을 우려하는 사람은 그것의 찌는 더위를 더욱 드러나게 하니, (어느 곳에만) 적합함도 없고 (어느 곳에는) 적합하지 않음이 없음을 응당 알아야 한다. 당말(唐末)의 시인들은 이에 미칠 수 없어 "옥합저개(玉合底蓋)"의 설을 만드니, 맹교(孟郊) · 온정균(溫庭筠)이 두 진영으로 나뉘었다. 하늘과 만물이 이처럼 분할될 수 있겠는가?

興在有意無意之間, 比亦不容雕刻。關情者景, 自與情相爲珀芥[42]也。情景雖有在心在物之分, 而景生情, 情生景, 哀樂之觸, 榮悴之迎, 互藏其宅。天情物理, 可哀而可樂, 用之無窮, 流而不滯, 窮且滯者不知爾。"吳楚東南坼, 乾坤日夜浮"[43] 乍讀之若雄豪, 然而適與"親朋無一字, 老病有孤舟" 相爲融浹。當知"倬彼雲漢"[44], 頌作人者增其輝光, 憂旱甚者益其炎赫, 無適而無不適也。唐末人[45]不能及此, 爲玉合底蓋之說[46], 孟郊, 溫庭筠分爲

42) 박개(珀芥) : '박(珀)'은 호박(琥珀)을 말하고, '개(芥)'는 개자(芥子)를 말한다.

43) "오초동남탁, 건곤일야부(吳楚東南坼, 乾坤日夜浮)" : 두보(杜甫)의 〈등악양루(登岳陽樓)〉의 시구.

44) "탁피운한(倬彼雲漢)" : 《시경(詩經) · 대아(大雅) · 역박(棫朴)》의 시구.

45) 당말인(唐末人) : 대홍삼은 《담예주총(談藝珠叢)》에 근거하여 '말(末)'은 마땅히 '송(宋)'으로 되어야 한다고 하였다.

46) 옥합저개지설(玉合底蓋之說) : '옥합(玉合)'은 옥합(玉盒)을 말한다.

二壘。天與物其能爲爾鬮分[47]乎?

'저개(底蓋)'는 옥합(玉盒)의 밑과 덮개를 말한다. 옥합에 밑이 있으면 반드시 덮개가 있어야 하듯이, 시에도 전후의 시구가 대장(對仗)을 이루어야 함을 강조한 것이다.

47) 구분(鬮分) : 원래의 뜻은 추첨의 형식으로 가산의 분할을 확정하는 것을 말한다.

석당영일서론내편(夕堂永日緖論內編)

제2조
시가나 문장은 모두 '표현하고자 하는 뜻[意]'이 주가 되어야

시가(詩歌)나 장편문장(長篇文章)을 막론하고 모두 의(意)로 주를 삼아야 한다. 의(意)는 장수와 같다. 장수가 없는 병사를 오합(烏合)이라 한다. 이백(李白) · 두보(杜甫)가 대가(大家)로 일컬어지는 것은 의(意) 없는 시가 열에서 한둘도 안 되기 때문이다. 안개와 구름, 샘과 돌, 꽃과 새, 이끼와 숲, 금장식한 배목, 비단 휘장에 의(意)가 깃들면 신령스럽다. 제(齊) · 양(梁)나라 사람들이 화려한 언어를 강구하고, 송(宋)나라 사람들이 기존 시구의 출처(出處)를 모아서 합하는 것처럼, (송나라 사람들은 시를 논함에 글자마다 출처를 구하였다.) 저것(화려한 언어, 출처)에 마음을 부려 줍고 찾느라 자기의 정(情)이 자연스럽게 발동되는 것을 돌보지 않는 것, 이를 소가(小家)의 재주라고 이르니, 결국 올가미 속에서 살 방도를 찾는 것이다.

無論詩歌與長行文字, 俱以意爲主。意猶帥也。無帥之兵, 謂之烏合。李、杜所以稱大家者, 無意之詩, 十不得一二也。煙雲泉石, 花鳥苔林, 金鋪錦帳[48], 寓意則靈。若齊梁綺語, 宋人摶合成句之出處, (宋人論詩, 字字求出處。) 役心向彼掇索, 而不恤己情之所自發, 此之謂小家數, 總在圈繢[49]中求活計也。

48) 금포금장(金鋪錦帳) : 금포(金鋪)는 금으로 장식한 배목(문고리를 거는 쇠), 금장(錦帳)은 비단 휘장을 말한다.

49) 권궤(圈繢) : 또한 권궤(圈匱) · 권궤(圈闠) · 권귀(圈襀)로도 쓴다. 올가미 · 함정을 의미하며, 또한 관례, 상투, 고정된 격식, 범위, 틀 등을 나타낸다.

제3조
'세(勢)'를 취해서 '의(意)'를 표현해야

하나의 제목, 하나의 인물, 하나의 사실, 하나의 경물을 설정하여, 그 위에서 형상을 구하고, 비유(比喩)를 구하고, 문채(文彩)를 구하고, 전고를 구하는 것은 마치 무딘 도끼로 상수리나무를 쪼개면 껍질 부스러기가 어지럽게 흩어지는 것과 같으니, 어떻게 일찍이 한 가닥의 결이라도 얻을 수 있으리오? 의(意)를 주로 하고 세(勢)를 다음으로 해야 한다. 세(勢)란 의(意) 가운데의 신리(神理)이다. 오직 사영운(謝靈運)만이 세(勢)를 취하는 데 잘하여 (그것을) 구부렸다 돌게 하고 굽혔다 펼쳐서 그 의(意)가 극진하게 펼쳐지기를 구하였으니, 의(意)가 이미 다하면 그쳐서 거의 남은 말이 없게 되었다. 구부러졌다 펼쳐지고 길었다가 구불구불하니 운무가 휘감아 돌면서 진짜 용이 되고 그린 용이 되지 않았다.

把定一題、一人、一事、一物, 於其上求形模, 求比似, 求詞采, 求故實, 如鈍斧子劈櫟柞, 皮屑紛霏, 何嘗動得一絲紋理? 以意爲主, 勢次之。勢者, 意中之神理也。唯謝康樂爲能取勢, 宛轉屈伸[50]，以求盡其意，意已盡則止，殆無剩語；夭矯連蜷[51]，煙雲繚繞，乃眞龍，非畵龍也。

50) 완전굴신(宛轉屈伸) : '완전(宛轉)'은 빙글빙글 돌고, '굴신(屈伸)'은 구부렸다 펼치는 모습을 형용한다. 즉 변화 있고 신축적임을 말한다.

51) 요교련권(夭矯連蜷) : '요교(夭矯)'는 '요교(夭蟜)'로도 쓰이며, 구부리고 펼치는 모습을, '연권(連蜷)'은 길면서 구불구불한 모양을 형용한다.

제4조
고아하고 초탈한 '가슴'이 있어야 훌륭한 작품이 나와

"못가엔 봄풀 푸릇푸릇 돋아나네", "나비는 남쪽 동산에서 나네", "밝은 달은 쌓인 눈을 비추네"는 모두 마음속에서 느끼고, 눈으로 본 가운데 [경(景)과] 더불어 서로 융합(融合)되어 언어로 표현하자 주옥처럼 둥글고 윤택한 문장을 얻은 것이니, 요컨대 또한 각기 그 가슴에서 나온 바를 살펴서, (그것이) 경물(景物)과 더불어 서로 맞이하게 된 것이다. "날 저물어 하늘에는 구름 한 조각 없고, 봄바람 살랑살랑 온화하게 부네"는 도연명(陶淵明)의 당시 흉회(胸懷)를 생각하여 알 수 있게 하니, 어찌 천박한 사람이 이러한 시어를 지을 수 있으리오? 정호(程顥)가 주돈이(周敦頤)를 만나서 "한 달 동안 봄바람 속에 앉아 있었다"라고 이르니, 정호(程顥)가 아니고는 주돈이(周敦頤)를 이처럼 알 수 없고, 도연명(陶淵明)이 아니고는 스스로를 이처럼 알 수 없다.

"池塘生春草"[52), "胡蝶飛南園"[53), "明月照積雪"[54), 皆心中目中與相融浹, 一出語時, 卽得珠圓玉潤, 要亦各視其所懷來, 而與景相迎者也。"日暮天無雲, 春風散微和"[55], 想見陶令當時胸次[56], 豈夾雜鉛汞人[57]能作此語? 程子謂見濂溪一月 坐春風中。[58]非程子不能知濂溪如此, 非陶令不能自知如此也。

---

52) "지당생춘초(池塘生春草)" : 사영운(謝靈運)의 〈등지상루(登池上樓)〉의 시구.

53) "호접비남원(胡蝶飛南園)" : 장협(張協)의 〈잡시(雜詩)〉의 시구.

54) "명월조적설(明月照積雪)" : 사영운의 〈세모(歲暮)〉의 시구.

55) "일모천무운(日暮天無雲)" 이하 두 구 : 도연명(陶淵明)의 〈의고(擬古)〉 9수 가운데 7번째 수의 시구이고, '춘풍산미화(春風散微和)'의 '산(散)'은 '선(扇)'으로 되어야 한다.

56) 흉차(胸次) : 흉회(胸懷)를 뜻한다.

57) 협잡연홍인(夾雜鉛汞人) : 연홍(鉛汞)은 납[鉛]과 수은[汞]을 말한다. 이것은 도가(道家)에서 단약(丹藥)을 만드는 두 가지 원료이다. 이것을 복용하면 장생(長生)하는 것으로 알려져 있다. '협잡연홍인(夾雜鉛汞人)'은 요행(僥倖)을 바라고 분수에 넘치는 것을 추구하는 사람을 말한다. 때로 장생 · 금전 · 권력 등을 추구하는 욕망이 가득 찬 사람을 말한다.

58) 주희(朱熹) 《근사록(近思錄)》 권14 · 《관성현류(觀聖賢類)》에는 다음과 같은 내용이 있다. "후중량(侯仲良)[자(字)는 사성(師聖)]이 이르기를, 주광정(朱光庭)[자는 공섬(公掞)]이 명도선생(明道先生)을 여(汝)에서 뵙고 돌아가서 이르기를 '광정(光庭)이 봄바람 속에서 한 달 동안 앉아 있었다' 라고 하였다(侯師聖云 : 朱公掞見明道於汝, 歸謂人曰 : 光庭在春風坐了一箇月)."
후중량(侯仲良), 주광정(朱光庭)은 모두 정자(程子)의 문인이다. 여기에서 명도선생이 사람을 대하는 데 있어서 온화하고 순수함을 칭송한 것이다. 대홍삼은 왕부지가 주광정(朱光庭)이 정호(程顥)를 찬미한 말을 정호가 주돈이(周敦頤)를 칭송한 말로 잘못 기록하였다고 하였다.

제5조
'정(情)'에 따르고 '경(景)'에 따르면 자연 영묘(靈妙)해져

"스님은 고요한 달빛 아래 문을 두드리네"는 망상 억측일 뿐이어서 마치 딴 사람의 꿈을 말한 것과 같으니, 설사 형용은 아주 그럴듯할지라도 어찌 일찍이 조금이라도 (자신의) 마음과 관계되었겠는가? 그러하다는 것을 알 수 있는 것은 그[가도(賈島)]가 '퇴고(推敲)' 두 글자를 깊이 생각하고 읊조리다가 타인[한유(韓愈)]에게 나아가 생각한 것이기 때문이다. 만약 경(景)에 직면하여 마음에 감흥이 솟아올랐다면, 퇴(推)든가 고(敲)든가 반드시 그 하나에 생각이 머물렀을 것이니, 경(景)에 따르고 정(情)에 따르면 자연히 영묘(靈妙)해지는데, 어찌 이리저리 생각하고 비교할 수 있으리오? "긴 강에 지는 해는 둥글구나"는 처음부터 일정한 광경이 없었다. "물을 사이에 두고 초부(樵夫)에게 말을 건네네"는 처음부터 생각을 해서 얻은 것이 아니니, 선가(禪家)에서 말하는 이른바 현량(現量)이다.

"僧敲月下門"59), 祇是妄想揣摩, 如說他人夢, 縱令形容酷似,何嘗毫髮關心? 知然者, 以其沈吟 "推敲"二字, 就他作想也。若卽景會心, 則或推或敲, 必居其一, 因景因情, 自然靈妙, 何勞擬議哉? "長河落日圓"[60),初無定景, "隔水問樵夫"[61),初非想得,則禪家所謂現量[62)也。

---

59) "승고월하문(僧敲月下門)" : 가도(賈島)의 〈제이응유거(題李凝幽居)〉의 시구.

60) "장하낙일원(長河落日圓)" : 왕유(王維)의 〈사지새상(使至塞上)〉의 시구.

61) "격수문초부(隔水問樵夫)" : 왕유의 〈종남산(終南山)〉의 시구.

62) 현량(現量) : 불교 법상종(法相宗)에서는 마음(心)의 경계(境界)에 대한 인식에는 '삼량(三量)' 즉 '현량(現量)' · '비량(比量)' · '비량(非量)'이 있다고 하였다. 왕부지는 《상종락색(相宗絡索)》에서 '삼량'을 해석하였는데, '현량'에 대해서는 다음과 같이 해석하였다. "현량(現量), 현(現)에는 현재(現在)의 뜻, 현성(現成)의 뜻, 현현진실(顯現眞實)의 뜻이 있다. 현재(現在)는 과거에 따라 형상을 만드는 것이 아니다. 현성(現成)은 접촉하자마자 깨닫는 것으로 사량(思量)과 계교(計較)를 빌리지 않는다. 현현진실(顯現眞實)은 저것의 체성(體性)이 본래 이와 같아 의혹이 없이 드러내고 허망한 것을 개입시키지 않는다(現量, 現者有現在義, 有現成義, 有顯現眞實義。現在, 不緣過去作影. 現成, 一觸卽覺, 不假思量計較. 顯現眞實, 乃彼之體性本自如此, 顯現無疑, 不參虛妄)."
왕부지는 '현량'을 빌려 세 가지 측면의 창작 현상을 설명하였다. 첫째로 즉경회심(卽景會心), 둘째로 직각사유(直覺思維), 셋째로 객관 경물의 진실(眞實) 묘사가 그것이다.

제6조
'빈(賓)'과 '주(主)'가 하나로 융합되어야

시문(詩文)에는 모두 주(主)와 빈(賓)이 있으니 주(主)가 없는 빈(賓)을 오합(烏合)이라 한다. 속론(俗論)에서는 비(比)로써 빈(賓)을 삼고, 부(賦)로써 주(主)를 삼으며, 반(反)으로 실(實)을 삼고, 정(正)으로 주(主)를 삼으니 모두 글방 선생이 동자(童子)를 속이는 사법(死法)일 뿐이다. 하나의 주(主)를 세워서 빈(賓)을 기다리면, 빈(賓)은 주(主)의 빈(賓)이 아닌 것이 없으니, 이에 모두 정(情)을 가지고 서로 융합한다. 저 "가을바람이 위수(渭水)에 불고, 낙엽은 장안(長安)에 가득하네"는 가도(賈島)와 무슨 관계가 있으리오? "상담(湘潭)의 구름 다 걷히니 저녁 안개 나오고, 파촉(巴蜀)의 눈이 녹으니 따스한 봄 물결 흘러오네"는 허혼(許渾)과 어떠한 연관이 있으리오? 모두 오합(烏合)이다. "모습은 천관(千官) 속에서 평온해지고, 마음은 칠교(七校)앞에서 사르르 녹네"는 주(主)를 얻었지만 아직 흔적을 가지고 있고, "꽃은 칼과 패옥을 찬 조신(朝臣)을 맞이하는데, 별은 막 떨어지네"는 빈주(賓主)가 역력하면서도 하나로 융합되었다.

詩文俱有主賓。無主之賓, 謂之烏合。俗論以比爲賓, 以賦爲主; 以反爲實, 以正爲主, 皆塾師賺童子死法耳。立一主以待賓, 賓無非主之賓者, 乃俱有情而相浹洽。若夫"秋風吹渭水, 落葉滿長安"[63], 於賈島何與? "湘潭雲盡暮煙出, 巴蜀雪消春水來"[64] 於許渾奚涉? 皆烏合也。"影靜千官裏, 心蘇七挍前"[65], 得主矣, 尙有痕迹。"花迎劍佩星初落"[66], 則賓主歷然, 鎔合一片。

---

63) "추풍취위수(秋風吹渭水)" 이하 두 구 : 가도(賈島)의 〈억강상오처사(憶江上吳處士)〉의 시구.

64) "상담운진모연출(湘潭雲盡暮煙出)" 이하 두 구 : 허혼(許渾)의 〈능효대(凌歊臺)〉의 시구.

65) "영정천관리(影靜千官裏)" 이하 두 구 : 두보(杜甫)의 〈희달행재소(喜達行在所)〉의 시구. "심소칠교전(心蘇七挍前)"의 '교(挍)'는 대부분의 판본에 '교(校)'로 되어 있다.

66) "화영검패성초락(花迎劍佩星初落)" : 잠삼(岑參)의 〈봉화중서가지사인조조대명궁(奉和中書賈至舍人早朝大明宮)〉의 시구.

제7조
몸으로 경험하고 눈으로 목도하여 솟아나는 형상을 표현해야

몸으로 경험한 바, 눈으로 본 바가 철문한(鐵門限)이다. 설사 대경(大景)을 지극하게 묘사한 것이라도 예를 들면, "흐리고 맑아짐에 따라 뭇 골짜기가 달라지네", "천지가 밤낮으로 떠 있네"와 같은 것 또한 이 한계(철문한)를 넘지 않았다. 여지도(輿地圖)에 의거하여 "평야가 청주(青州)와 서주(徐州)로 들어갔다"라고 이를 수 있는 것이 아니니, 누대에 올라서야 묘사될 수 있는 것일 뿐이다. 벽을 사이에 두고 잡극(雜劇)이 상연되는 것을 들으면, 그 대사는 들릴지언정 그 동작은 볼 수 없으니, 더 멀어진다면 다만 북소리만 들리게 된다. 그러니 어느 막을 상연한다고 말할 수 있겠는가? 전에는 제(齊) · 양(梁)나라 사람들이 뒤에는 만당(晩唐) 및 송(宋)나라 사람들이 모두 공교(工巧)를 자랑하는 짓으로써 마음을 기만했다.

身之所歷, 目之所見, 是鐵門限。 卽極寫大景, 如"陰晴衆壑殊"[67]、 "乾坤日夜浮"[68] 亦必不踰此限。非按輿地圖便可云"平野入青徐"[69]也，抑登樓所得見者耳。隔垣聽演雜劇，可聞其歌，不見其舞，更遠則但聞鼓聲，而可云所演何齣乎？前有齊、梁，後有晚唐及宋人，皆欺心以炫巧。

---

67) "음청중학수(陰晴衆壑殊)" : 왕유(王維)의 〈종남산(終南山)〉의 시구.

68) "건곤일야부(乾坤日夜浮)" : 두보의 〈등악양루(登岳陽樓)〉의 시구.

69) "평야입청서(平野入青徐)" : 두보의 〈등연주성루(登兗州城樓)〉의 시구.

제9조
고시(古詩)에는 천연의 뛰어넘을 수 없는 법도가 있어

고시(古詩)는 일정한 체제가 없어서 마치 붓 가는 대로 짓는 것 같으나, 원래 천연의 뛰어넘을 수 없는 법도가 있음을 알지 못한다. 때문에 이반룡(李攀龍)이 당(唐)에는 오언고시(五言古詩)가 없다고 하였는데, 이 말은 옳은 듯하지만 없다는 것은 바로 없는 것이 아니라 단지 백에서 한둘도 얻지 못할 뿐이라는 것이다. 이른바 규확(榘矱)이란 의(意)가 분기(分岐)되지 않고, 언사(言辭)가 절도를 벗어나지 않으며, 곡절(曲折)하면서도 흔적이 없고, (체제에) 맞게 깎고 다듬으면서도 다투듯이 하지 않음을 이른다. 이반룡이 고시(古詩)가 없다고 말한 것은 또 오직 그 규범에 맞는 자구(字句)와 호쾌한 기운이 없다는 것일 뿐이다. 그렇지 않으면, "장량(張良)이 때를 얻어 분기(奮起)하지 못하였을 때"와 〈옥화궁(玉華宮)〉 두 시는 이백(李白) · 두보(杜甫)의 시집 가운데 패기(覇氣)가 화평하고 온후한 뜻을 완전히 없앤 것인데 어떻게 그 선집(選集) 가운데 들어갔으리오?

古詩無定體, 似可任筆爲之, 不知自有天然不可越之榘矱[70]。故李于鱗謂唐無五古詩,[71] 言亦近是; 無卽不無, 但百不得一二而已。所謂榘矱者, 意不枝, 詞不蕩, 曲折而無痕, 戌削而不競[72]之謂。若于鱗所云無古詩, 又唯無其形埒字句[73]與其 粗豪之氣耳。不爾, 則"子房未虎嘯"[74]及〈玉華宮〉[75]二詩, 乃李、杜集中覇

---

70) 구확(榘矱) : 규구(規矩) · 법도(法度)를 말한다.

71) 이우린(李于鱗) : 이반룡(李攀龍, 1514～1570). 자(字)는 우린(于鱗), 호(號)는 창명(滄溟)이고 역성(歷城)[지금의 산둥(山東) 지난시(濟南市)] 사람이다. 가정(嘉靖) 23년(1544)에 진사가 되었고, 관직이 하남안찰사(河南按察使)에 이르렀다. '후칠자(後七子)' 영수의 한 사람이다. 그의 《창명집(滄溟集)》 15권, 〈선당시서(選唐詩序)〉에는 "당(唐)에는 오언고시는 없지만 고시는 있다. 진자앙(陳子昂)이 그러한 고시로써 고시를 지었는데 취하지 않았다(唐無五言古詩, 而有古詩。陳子昂以其古詩爲古詩, 弗取也)"라고 되어 있다.

72) 술삭이불경(戌削而不競) : 대홍삼의 《전주(箋注)》에서는 "'술삭(戌削)'은 '술삭(衄削)'으로도 쓰이며, 여기에서는 지금의 전재(剪裁) · 조직(組織)과 같은 의미로 사용되었다"라고 하였다.

73) 형날자구(形埒字句) : '형날(形埒)'의 사전적 의미는 '경계(界域)'를 뜻한다. 여기서는 '규범'이나 '격식'의 뜻을 가리킨다. '형날자구'는 시의 형식적 규범이나 격식에 잘 맞는 자구를 말한다. 고시에서는 자구의 운용이 격식에 구속됨이 비교적 자연스럽게 운용되었다.

74) "자방미호소(子房未虎嘯)" : 이백(李白)의 〈경하비이교회장자방(經下邳圯橋懷張子房)〉의 시구. '호소(虎嘯)'는 원래 호랑이의 울부짖음을 말하나, 영웅호걸이 뜻을 얻어 분기(奮起)하는 것을 비유한다.

氣滅盡和平溫厚之意者, 何以獨入其選中?

75) 〈옥화궁(玉華宮)〉 : 두보(杜甫)의 시 〈옥화궁(玉華宮)〉을 말함.

제13조
사법(死法)이 세워지는 것은 식량(識量)이 협소하기 때문

"바다는 어두워지고 세 산에는 비 내리네"에는 "이 고을에는 보옥이 많다네"가 이어져서는 안 되고, "꽃은 환하게 피고 다섯 산봉우리는 봄기운 가득하네"가 연결되어 언급된 뒤에야, 저 구가 올 수 있으니 또한 어찌 일찍이 시법이 없으리오? 교연(皎然) · 고병(高棅)의 시법이 아닐 뿐이다. 만약 시법이 되기에 충분하다면, 어찌 그것을 깨뜨리는 것이 용납되리오? 법이 아닌 법은 그것을 깨뜨림이 극진하지 않으면 끝내 법을 얻지 못한다. 시(詩)에는 교연(皎然) · 우집(虞集)이 있었고, 경의(經義)에는 모곤(茅坤) · 탕빈윤(湯賓尹) · 원황(袁黄)이 있는데, 모두 땅에 경계를 그려 감옥으로 삼아서 사람들을 가둔 자들이니, 사법(死法)을 가졌기 때문이다. 사법(死法)이 세워지는 것은 결국 식량(識量)이 협소한 데서 기인한다. 그것은 잡극(雜劇) 상연이 사방 열 자의 무대 위에서 이루어지기 때문에 각종 걸음 위치가 있는데, 한 걸음이라도 다른 곳으로 옮기면, 뒤죽박죽되어 버리는 것과 같다. 만약 사통팔

달의 큰 길을 질주하고 천리 길을 취하여 간다면, 이러한 보법(步法)을 사용하는 짓은 지극히 어리석은 사람일지라도 하지 않는다.

"海暗三山雨"[76]接 "此鄕多寶玉"不得, 迤邐[77]說到"花明五嶺春", 然後彼句可來, 又豈嘗無法哉? 非皎然[78]、高棅[79]之法耳。

---

76) "해암삼산우(海暗三山雨)" : 잠삼(岑參)의 〈송장자위남해(送張子尉南海)〉의 시구이다. 《전당시(全唐詩)》에는 〈송양애위남해(送楊瑗尉南海)〉로 되어 있다. 이 시는 오언율시인데 경련(頸聯), 미련(尾聯)은 "해암삼산우, 화명오령춘. 차향다보옥, 신막염청빈(海暗三山雨, 花明五嶺春。此鄕多寶玉, 愼莫厭淸貧)"이다. 판본에 따라 '삼산(三山)'이 '삼강(三江)'으로 되어 있는 경우도 있다.

77) 이리(迤邐) : 곡절하게 연결되어 이어지는 모양.

78) 교연(皎然, ?~?) : 당(唐)의 시승(詩僧)으로 세속의 성은 사(謝), 이름은 주(晝), 자는 청주(淸晝)로, 주공(晝公) 혹은 주상인(晝上人)으로 불렸다. 교연(皎然)은 그의 법호(法號)이다. 사영운(謝靈運)의 10대 후손이다. 호주 장성(湖州長城)[지금의 저장(浙江) 후저우시(湖州市)] 사람이다. 나중에 저산묘희사(杼山妙喜寺)에 거처하였다. 주로 당(唐)의 대력(大曆)·정원(貞元) 연간에 활동하였다. 그는 당시 안진경(顔眞卿)·위응물(韋應物)·이양빙(李陽冰)·고황(顧況) 등과 화창하였다. 교연(皎然)의 시문은 호주자사(湖州刺史)였던 우적(于頔)에 의하여 《저산집(杼山集)》으로 편집되었다. 그의 시론 논저《시식(詩式)》·《시의(詩議)》·《시평(詩評)》은 현재까지 전해진다.

79) 고병(高棅, 1350~1423) : 다른 이름은 고정례(高廷禮)이고, 자는

若果足爲法, 烏容破之? 非法之法, 則破之不盡, 終不得法。詩之有皎然、虞伯生、經義之有茅鹿門[80]、湯賓尹[81]、袁了凡[82], 皆

언회(彦恢), 호는 만사(漫士)이며, 장락(長樂)[지금의 푸젠(福建)에 속함] 사람이다. 명(明) 영락(永樂) 초년(1403)에 서민신분으로 한림대조(翰林待詔)가 되었다. 서화에 능했으며 특히 시에 뛰어났다. '민중십재자(閩中十才子)' 중의 한 사람이다. 그의 《당시품휘(唐詩品彙)》는 당시를 초당(初唐) · 성당(盛唐) · 중당(中唐) · 만당(晩唐) 네 시기로 구분하고, 또한 당시의 체제를 오고(五古) · 칠고(七古) · 오절(五絶) · 칠절(七絶) · 오율(五律) · 오배율(五排律) · 칠률(七律)의 일곱 가지 형식으로 분류하여, 당시의 시기별 · 체제별 분류에 있어서 하나의 전범이 되었다. 그 밖의 저작으로 《소대집(嘯臺集)》 · 《목천청기집(木天淸氣集)》 등이 있다.

80) 모녹문(茅鹿門) : 모곤(茅坤, 1512~1601)은 자가 순보(順甫), 호가 녹문(鹿門)으로 귀안(歸安)[지금의 저장(浙江) 우싱현(吳興縣)] 사람이다. 명(明) 가정(嘉靖) 17년(1538)에 진사가 되었고, 관직이 광서병비첨사(廣西兵備僉事)에 이르렀다. 고문을 좋아하였고, 당순지(唐順之) · 왕신중(王愼中) 등을 존숭하였으며, 당송파 고문가(唐宋派古文家)의 대표적 인물이다. 그는 당(唐) · 송(宋) 양대 한유(韓愈) · 유종원(柳宗元) · 구양수(歐陽修) · 소순(蘇洵) · 소식(蘇軾) · 소철(蘇轍) · 왕안석(王安石) · 증공(曾鞏)의 문장을 164권으로 편성하여 《당송팔대가문초(唐宋八大家文鈔)》라고 하였다. 이것은 당 · 송의 산문을 제창하고, 당송파(唐宋派)의 영향력을 확대시키는 데 결정적 역할을 하였다.

81) 탕빈윤(湯賓尹) : 자가 가빈(嘉賓)이고 선성(宣城)[지금 안후이(安徽)에 속함] 사람이다. 명(明) 만력(萬曆) 23년(1595)에 진사가 되었고, 관직이 남경국자감제주(南京國子監祭酒)에 이르렀다. 팔고문(八股文)에 뛰어나 당시에 명성을 떨쳤다. 저작으로 《수암집(睡庵集)》 등

畫地成牢以陷人者, 有死法也。死法之立, 總緣識量狹小。如演雜劇, 在方丈臺上, 故有花樣步位, 稍移一步則錯亂。若馳騁康莊[83], 取塗千里, 而用此步法, 雖至愚者不爲也。

이 있다.

82) 원요범(袁了凡) : 원황(袁黃). 자는 곤의(坤義) 또는 요범(了凡), 오강(吳江)[지금의 장쑤(江蘇)에 속함] 사람이다. 명(明) 만력(萬曆) 연간에 진사가 되었고, 관직이 병부주사(兵部主事)에 이르렀다. 팔고문(八股文)을 평선하여 당시에 명성을 얻었다. 저작에《양행재집(兩行齋集)》 등이 있다.

83) 강장(康莊) : 사통팔달(四通八達)의 큰길

제14조
'정(情)' 속에 '경(景)'이 있고 '경(景)' 속에 '정(情)'이 있어야

정(情)과 경(景)은 명칭은 둘이지만, 실제로는 분리될 수 없다. 시에서 신묘(神妙)의 경지인 것은 신묘하게 결합되어 경계가 없는 것이오, 공교(工巧)의 경지인 것은 정(情) 가운데 경(景)이 있는 것, 경(景) 가운데 정(情)이 있는 것이다. 경(景) 가운데 정(情)이 있는 것이란 "장안(長安)의 한 조각 달"처럼 자연히 외롭게 살면서 먼 곳에 있는 임을 그리워하는 정을 나타낸 것이고, "내 고생스럽던 모습은 지금 천백관원(千百官員)의 행렬 안에 고요히 서 있고"처럼 자연히 행재(行在)에 도달한 것을 즐거워하는 정을 나타낸 것이다. 정(情) 가운데 경(景)이 있는 것은 곡진하게 묘사하기가 더욱 어려우니, "시가 이루어져 주옥처럼 광채를 내니 붓을 휘두름에 있었네"와 같은 시처럼 시인의 필묵(筆墨)이 통쾌하며 힘차고, 마음속에서 [문재(文才)를] 훌륭하게 여기는 광경을 묘사해 낸 것이다. 무릇 이러한 유(類)는 아는 사람은 이것을 이해하지만, 그렇지 못한 사람은 또한 분명하게 이해하지 못하고 대충대충 보아

넘기고 단지 평범한 말로 여길 뿐이다.

情, 景名爲二, 而實不可離。神於詩者, 妙合無垠。巧者則有情中景, 景中情。景中情者, 如 "長安一片月"[84), 自然是孤棲憶遠之情; "影靜千官裏", 自然是喜達行在之情。情中景尤難曲寫, 如 "詩成珠玉在揮毫"[85), 寫出才人翰墨淋漓、自心欣賞之景。凡此類, 知者遇之; 非然, 亦鶻突[86)看過, 作等閒語[87)耳。

---

84) "장안일편월(長安一片月)" : 이백(李白)의 〈자야오가(子夜吳歌)〉의 시구.

85) "시성주옥재휘호(詩成珠玉在揮毫)" : 두보(杜甫)의 〈봉화가지사인조조대명궁(奉和賈至舍人早朝大明宮)〉의 시구.

86) 골돌(鶻突) : 사리에 대해 애매 혹은 모호하거나 명확하게 이해하지 못함을 말함.

87) 등한어(等閒語) : 보통, 평범의 말.

제16조
마음으로 느끼고 눈으로 보는 가운데서 뛰어난 시구가 나와

"인가(人家) 찾아 투숙하고자, 강물을 사이에 두고 초부(樵夫)에게 묻네"는 산이 아득히 멀고 광활함을 알 수 있으니, 위의 여섯 구와 애초에 다른 정취가 없고 또한 빈(賓)과 주(主)가 분명함을 얻은 것이니, 진실된 감촉이 없이 억지로 생각하여 형상을 묘사한 것이 아니다. "친지와 벗에게서는 한 자의 소식마저 없고, 늙고 병든 내 신세 외로운 돛배만이 짝하여줄 뿐이네"는 자연히 악양루(岳陽樓)에 올라서 솟아나는 감정을 묘사한 시이다. 시험 삼아 입장을 바꾸어 두보(杜甫)가 되어 헌(軒)에 기대어 멀리 바라본다 하더라도, 마음으로 느끼고 눈으로 보는 가운데서 두 시구가 그대로 나오게 되니, 이 또한 정(情) 가운데 경(景)이 있는 것이다. 맹호연(孟浩然)은 "배 젓는 노"와 "낚시 드리우고"로써 (억지로) 끌어당기고 얽어매어서 제목에 합치되게 하였는데, 그러나 실제로는 완전히 관계가 없다.

"欲投人處宿, 隔水問樵夫。"則山之 遼廓荒遠[88]可知, 與上六句初無異致, 且得賓主分明, 非獨頭意識[89]懸相描摹也。"親朋無一字, 老病有孤舟。"自然是登岳陽樓詩。嘗試設身作杜陵, 憑軒遠望觀, 則心目中二語居然出現, 此亦情中景也。孟浩然以"舟楫"、"垂釣" 鉤鎖合題, 卻自全無干涉。

88) 요곽황원(遼廓荒遠) : '요곽(遼廓)'은 '요활광대(遼闊廣大)', 즉 아득히 멀고 광활함을, '황원(荒遠)'은 아득히 멀다는 의미를 나타낸다.

89) 독두의식(獨頭意識) : 불교 용어로 진실한 감각이 없이 억지로 생각하고 헤아리는 의식.

제18조
'장법(章法)'으로 시법을 삼아야

기(起) · 승(承) · 전(轉) · 수(收)는 하나의 시법(詩法)이다. 초당(初唐) · 성당(盛唐)의 율시(律詩)를 들어 증험해 보면, 누가 기필코 이 법을 묵수했는가? 장(章)을 이루는 것보다 중요한 것은 없으니, 이 네 가지 법이 세워지면 장(章)을 이루지 못한다. 예컨대, "노가(盧家)의 젊은 처자"와 같은 시는 어떻게 이해할 것인가? (또한 여기서는) 어떠한 장법(章法)인가? 또 "불빛 휘황한 나무에 은빛 찬란한 꽃이 더해지니"와 같은 것은 혼연(渾然)히 하나의 기(氣)다. "(나) 또한 (그대가) 수자리 나가 돌아오지 못할 것을 아네"는 변화가 다단하여 일정한 시작이나 끝이 없다. 기타의 것은 여섯 구를 평이하게 서술하고, 두 구로써 그것을 총괄하기도 하고, 여섯이나 일곱 구에서 시의(詩意)가 다하여 이미 남음이 없으면, 결구(結句)에서 비백법(飛白法)을 사용하여 드러내어 전개함으로써 의의와 취지가 초일하고 심원하게 한다.

기(起)는 반드시 기(起)여야 할 필요가 없고, 수(收)는 반드시 수(收)여야 할 필요가 없으니, 이에 생동하는 기운을 영롱 활발하게 하여 장(章)을 이루어 표현해야 한다. "장안(長安)의 지난 일은 그리워하는 바가 있네"와 같은 것에 이르러서, "유소(有所)" 두 글자는 그것을 무궁하게 포괄하고 불러일으키는 것으로, 이하 곡강(曲江)·봉래(蓬萊)·곤명(昆明)·자각(紫閣) 모두가 그리워하는 바이다. 이러한 수법은《대아(大雅)》로부터 온 것으로, 사영운(謝靈運)의 오언장편(五言長篇)에서 사용되어 장법(章法)이 되고, 두보(杜甫)는 더욱 붓끝을 감추어 드러나지 않게 하여, 뭉치어 결합시킨 것이 경계가 없으니, 어느 것이 기(起)이고 어느 것이 수(收)이고, 어느 것이 승(承)이고, 어느 것이 전(轉)이리오? 비루한 사람의 시법은 어떻게 천리마의 준족(駿足)을 펼칠 수 있게 하겠는가? 근자에 오직 양신(楊愼)만이 변별하기를 매우 자세히 하였다. 양신(楊愼)은 시법을 쓰는 데 뛰어났으니, 오직 그만이 비루한 사람의 시법을 깨뜨릴 수 있다.

起承轉收, 一法也。試取初盛唐律驗之, 誰必株守此法者? 法莫要於成章; 立此四法, 則不成章矣。且道[90]"盧家少婦"[91]一詩作

90) 차도(且道) : 생각하건대, 묻건대 혹은 보건대의 뜻이다.

91) "노가소부(盧家少婦)" : 심전기(沈佺期)의 〈고의정보궐교지지(古意呈補闕喬知之)〉의 시구.

何解? 是何章法? 又如 "火樹銀花合"[92], 渾然一氣; "亦知戍不返"[93], 曲折無端。其他或平鋪六句, 以二語括之; 或六七句意已無餘, 末句用飛白法[94] 颺開[95], 義趣超遠[96]: 起不必起, 收不必收, 乃使生氣靈通[97], 成章而達。至若 "故國平居有所思"[98], "有所"二字虛籠喝起, 以下曲江、蓬萊、昆明 、紫閣[99], 皆所思者, 此自《大雅》來; 謝客[100]五言長篇用爲章法; 杜更藏鋒[101]不

---

92) "화수은화합(火樹銀花合)" : 소미도(蘇味道)의 〈정십오야(正十五夜)〉의 시구. 휘황찬란한 등불을 말한다.

93) "역지수불반(亦知戍不返)" : 두보(杜甫)의 〈도의(擣衣)〉의 시구.

94) 비백법(飛白法) : '비백(飛白)'은 원래 서법의 일종이다. 필세(筆勢)가 비동(飛動)하고 자획(字劃) 가운데가 비게 하는 것이다. 왕부지는 이를 빌어 시가 창작에서도 필세가 힘차고 비동(飛動)하며, 필의(筆意)가 공령(空靈)하고 초일(超逸)해야 함을 강조하였다.

95) 양개(颺開) : 현양(顯揚)하고 전개한다는 의미로 해석한다.

96) 의취초원(義趣超遠) : '의취(義趣)'는 의의(意義)와 취지(趣旨), '초원(超遠)'은 초일하고 심원함으로 해석한다.

97) 영통(靈通) : 영롱 활발.

98) "고국평거유소사(故國平居有所思)" : 두보(杜甫)의 《추흥(秋興)》 8수 가운데 네 번째 시의 시구.

99) 곡강(曲江), 봉래(蓬萊), 곤명(昆明), 자각(紫閣) : '곡강(曲江)'은 '곡강지(曲江池)'라고도 하고, '봉래(蓬萊)'는 '봉래궁궐(蓬萊宮闕)' 즉 '대명궁(大明宮)'을 말하며, '곤명(昆明)'은 '곤명지(昆明池)', '자각(紫閣)'은 '자각봉(紫閣峯)'을 말한다. 각각 두보의 《추흥(秋興)》 8수 가운데 여섯 번째, 다섯 번째, 일곱 번째, 여덟 번째에 나오는 말이다.

露，搏合無垠：何起何收，何承何轉？陋人之法，烏足展騏驥之足哉？近世唯楊用修[102]辨之甚悉。用修工於用法，唯其能破陋人之法也。

100) 사객(謝客) : 사영운(謝靈運)을 말함.

101) 장봉(藏鋒) : 서법(書法) 용어로, 필봉(筆鋒)을 감추어서 드러나지 않게 하는 것을 말한다.

102) 양용수(楊用修) : 양신(楊愼, 1488~1559). 자(字)는 용수(用修), 호(號)는 승암(升庵)으로 신도(新都)[지금의 쓰촨(四川) 신두현(新都縣)] 사람이다. 명(明) 정덕(正德) 6년(1511) 전시(殿試)에서 진사에 제일(第一)로 급제하였고 한림수찬(翰林修撰)에 제수되었다. 세종(世宗)이 즉위하자, 경연강관(經筵講官)을 지냈다. 대례(大禮)에 대한 논의가 일어 하옥되었다. 관적(官籍)에서 제명되고 운남영창위(雲南永昌衛)에 파견되어 수자리를 지키게 되었다. 여러 변방을 떠돌다가 죽었다. 《승암집(升庵集)》 81권과 《유집(遺集)》 26권이 있다. 시론으로 《승암시화(升庵詩話)》 14권이 있다.

제20조
음률은 귀에 감미롭고 마음에 화합을 이루어야

《예기(禮記)·악기(樂記)》에 "무릇 음악은 사람의 마음을 따라 생겨난다"고 하였는데, 진실로 마땅히 귀에 감미롭고 마음에 화합을 이루는 것으로 음률의 준칙을 삼아야 한다. "1·3·5자는 평측을 따지지 않고, 2·4·6자는 평측을 분명하게 해야 한다"는 설은 준칙으로 믿을 수 없다. "옛날부터 동정호에 대해 들었건만(昔聞洞庭水)"에서 '문(聞)', '정(庭)' 두 글자는 모두 평성(平聲)이지만, (음향이) 바로 이와 같이 떨쳐 일어나게 된다. "오늘에야 악양루에 오르네(今上岳陽樓)"에서 세 번째 글자를 평성(平聲)으로 바꾸어 "오늘에야 파릉루에 오르네(今上巴陵樓)"라고 한다면, 언어가 매끄럽지 못하고 듣는 데 순조롭지 못하다. "팔월의 호수는 평온하며 고요하네(八月湖水平)"의 '월(月)', '수(水)' 두 글자는 모두 측성(仄聲)이지만 자연스럽게 (음률 규칙에) 들어맞는다. 만약 "달그림자를 담고 있고 하늘과 맞닿아 있네(涵虛混太淸)"를 "혼허함태청(混虛涵太淸)"으로 바꾼다면 진흙으로 만든 경쇠나 흙으로 만든 북이 될 뿐이다. 또 "하늘에는 아침 해가 떠오르고

(太淸上初日)"와 같은 것은 음률이 자연스럽게 (규칙에) 들어맞는다. 만약 "태청초상일(太淸初上日)"로 하여 (음률의) 규칙에 합당함을 구한다면, 시문이 생기가 없어져 뛰어난 시구가 될 수 없다. 또 양신(楊愼)의 경구(警句)인 "누가 동산(東山)에 은거하는 사안석(謝安石)을 기용하여, 군(君)을 위해 담소하며 봉화(烽火)를 안정시키리오(誰起東山謝安石, 爲君談笑靜烽煙)"와 같은 데에서, 만약 '안(安)' 자로 하면 음률의 규칙을 벗어난다고 하여, 다시 "수기동산사태부(誰起東山謝太傅)"라고 한다면, 매끄럽지 못하여 그만 음향을 이루지 못한다. 무릇 법이라고 하는 것이 모두 법이 아님을 족히 볼 수 있다. 석가모니가 "법(法)은 오히려 응당 버려야 하는데, 하물며 법이 아닌 것에 있어서랴?"라고 하였는데, 문예가들이 이를 알면 (창작에) 깨달을 바가 많을 것이다.

《樂記》云: "凡音之起, 從人心生也。" 固當以穆耳協心爲音律之準。"一三五不論, 二四六分明"之說, 不可恃爲典要。"昔聞洞庭水"[103),"聞", "庭"二字俱平, 正爾振起。若"今上岳陽樓"易第三字爲平聲, 云"今上巴陵樓", 則語蹇而戾於聽矣。[104)"八月湖水

103) "석문동정수, 금상악양루(昔聞洞庭水,今上岳陽樓)" : 두보(杜甫)의 〈등악양루(登岳陽樓)〉의 시구.

平"[105], "月", "水"二字皆仄, 自可; 若"涵虛混太淸"易作"混虛涵太淸", 爲泥磬土鼓而已。又如"太淸上初日"[106], 音律自可; 若云"太淸初上日", 以求合於粘, 則情文索然, 不復能成佳句。[107]又如楊用修警句云: "誰起東山謝安石, 爲君談笑淨烽煙

---

104) 대홍삼은 이에 대해 다음과 같이 말하였다. "이 시는 오율(五律)의 측기식(仄起式)으로 첫 구는 마땅히 '측측평평측(仄仄平平仄)'이 되어야 한다. 그러나 '석문동정수(昔聞洞庭水)'는 '측평측평측(仄平仄平仄)'이 되어 만약 반드시 '2 · 4 · 6의 글자는 평측을 분명하게 해야 한다'란 것으로 준칙을 삼는다면 '문(聞)' 자는 평성(平聲)이 되어 맞지 않는다. 그러나 오히려 음률은 '귀에 감미롭고 마음에 화합을 이루어야 한다'는 것에 방해됨이 없다. 다음 구는 마땅히 '평평측측평(平平仄仄平)'이어야 한다. 그러나 '금상악양루(今上岳陽樓)'는 '평측측평평(平仄仄平平)'이 되니, 만약 '1 · 3 · 5자는 평측을 따지지 않는다'는 설을 지나치게 믿는다면 측성(仄聲)인 '악(岳)' 자는 마땅히 평성(平聲)인 '파(巴)' 자로 바꾸어야 한다. '양(陽)' · '능(陵)'은 함께 평성(平聲)으로 잘못을 피하는 말이 되기 위해서는 '악양(岳陽)'을 '파릉(巴陵)'으로 고쳐야 한다. 그러나 (이렇게 되면) 도리어 '언어가 매끄럽지 못하고 듣는 데 순조롭지 못하다'. 왕부지는 이 구체적인 시를 예로 들어 '1 · 3 · 5자는 평측을 따지지 않고, 2 · 4 · 6자는 평측을 분명하게 해야 한다'는 말은 '준칙으로 믿을 수 없다'는 것을 증명한 것이다"[《전주(箋注)》, p. 82].

105) "팔월호수평, 함허혼태청(八月湖水平, 涵虛混太淸)" : 맹호연(孟浩然)의 〈망동정호증장승상(望洞庭湖贈張丞相)〉의 시구.

106) "태청상초일(太淸上初日)" : 마주(馬周)의 〈능조부강려사(凌朝浮江旅思)〉의 시구.

107) 대홍삼은 이에 대해 다음과 같이 말하였다. "율시(律詩)에서 평측

。"[108] 若謂"安"字失粘, 更云 "誰起東山謝太傅", 拖沓[109]便不成響。[110] 足見凡言法者, 皆非法也。釋氏有言: "法尙應捨, 何況非法?"[111] 藝文家知此, 思過半矣。

(平仄)이 성조의 규칙에 벗어나는 현상을 통칭하여 실점(失粘)이라고 한다. 이 시의 기구(起句)는 '측평측평측, 평측측평평(仄平仄平仄, 平仄仄平平)'으로 삼(三), 사(四) 자가 동일하게 '측평(仄平)'으로, 비록 평측(平仄)이 서로 대(對)가 되어야 한다는 규칙에 부합되지 않으나[즉 실점(失粘)], 왕부지는 오히려 '음률(音律)이 자연스럽게 규칙에 맞는다'고 하였고, 만약 '상초(上初)'를 '초상(初上)' 으로 바꾼다면 격률이 섬세하면서 딱 들어맞고 문장의 뜻 또한 통할 수 있지만, '시문이 생기가 없어진다'고 여겼다."[《전주(箋注)》, p. 83]

108) "수기동산사안석(誰起東山謝安石)" 이하 두 구 : 양신(楊愼)의 〈새원자고사(塞垣鷓鴣詞)〉의 시구.

109) 타답(拖沓) : 시원스럽지 못함, 간결하지 못함.

110) 대홍삼은 이에 대해 다음과 같이 말하였다. "'안(安)' 자와 다음 구의 '봉(烽)'은 동일하게 평성(平聲)이기 때문에 '실점(失粘)'으로 여겼다. '태(太)' 자는 측성(仄聲)이다. ['석(石)' · '부(傅)'는 동일하게 측성(仄聲)이 되어 성조의 규칙에서 벗어나는 것을 면해야 하기 때문에 '안석(安石)'을 '태부(太傅)'로 고쳐서] 규칙에 억지로 맞추면 도리어 '매끄럽지 못하고' '음향을 이루지 못한다'고 하였다."[《전주(箋注)》, p. 83]

111) "법상응사, 하황비법(法尙應捨, 何況非法)?" : 《금강경(金剛經)》에 다음과 같이 나온다. "…때문에 응당 법을 취해서는 안 되고, 비법(非法)을 취해서는 (더욱) 안 된다. 이러한 뜻으로 여래(如來)는 항상 말씀하였으니, 그대들 비구(比丘)들은 나의 설법을 알아야 한다. 뗏목에 비유하자면 법(法)은 오히려 응당 버려야 하는데, 하물며 비법(非法)에

있어서이겠는가?(是故不應當取法, 不應當取非法。以是義故, 如來常說 : 汝等比丘, 知我說法, 如筏喩者, 法尙應捨, 何況非法?)"

제24조
경(景)을 묘사한 말이라도 정(情)이 깃들어 있어야

경어(景語)를 지을 줄 모르는데 또 어떻게 정어(情語)를 지을 수 있으리오? 옛 사람의 뛰어난 시구에는 경어(景語)가 많았는데 "높은 누대에는 소슬한 바람만 가득", "나비는 남쪽 동산에서 날고", "못가엔 봄풀이 푸릇푸릇 돋아나네", "물가의 평지엔 낙엽이 지는데", "부용(芙蓉)에 이슬이 내려 떨어지네"와 같은 것이 모두 이것으로 정(情)이 그 가운데에 깃들어 있다. 경(景)을 묘사하는 심리로 정(情)을 말하면, 몸과 마음속에서 홀로 깨달은 미묘함을 유창하면서 평화롭게 표현해 낼 수 있다. 사 태부(謝太傅)는 《모시(毛詩)》에서 "위대한 계획 정령으로 정해지고, 원대한 정책 시기에 따라 선포되네"를 취하여, 이 여덟 글자로 한결같이 구슬을 꿰듯이 하여 대신이 국사(國事)를 경영하려는 심중을 순서대로 묘사해 내었다. 때문에 "옛날 내가 수자리 나갈 때는 수양버들 하늘거렸는데, 지금 돌아올 땐 눈보라 치네"와 정을 표현한 묘미가 동일하다.

不能作景語,又何能作情語耶? 古人絕唱句多景語,如"高臺多悲風"[112],"胡蝶飛南園"[113],"池塘生春草"[114],"亭皐木葉下"[115],"芙蓉露下落"[116],皆是也, 而情寓其中矣。以寫景之心理言情, 則身心中獨喻之微,輕安拈出。謝太傅[117]於《毛詩》取"訏謨定命, 遠猷辰告"[118], 以此八字如一串珠, 將大臣經營國事之心曲, 寫出次第, 故與"昔我往矣, 楊柳依依; 今我來思, 雨雪霏霏"[119]同一達情之妙。

---

112) "고대다비풍(高臺多悲風)" : 조식(曹植)의 〈잡시(雜詩)〉의 시구.

113) "호접비남원(蝴蝶飛南園)" : 장협(張協)의 〈잡시(雜詩)〉의 시구.

114) "지당생춘초(池塘生春草)" : 사영운(謝靈運)의 〈등지상루(登池上樓)〉의 시구.

115) "정고목엽하(亭皐木葉下)" : 유운(柳惲)의 〈도의(擣衣)〉의 시구.

116) "부용로하락(芙蓉露下落)" : 소각(蕭慤)의 〈추사(秋思)〉의 시구.

117) 사 태부(謝太傅) : 사안(謝安)을 말함.

118) "우모정명, 원유진고(訏謨定命, 遠猷辰告)" : 《시경(詩經) · 대아(大雅) · 억(抑)》의 시구.

119) "석아왕의(昔我往矣)" 이하 네 구 : 《시경(詩經) · 소아(小雅) · 채미(采薇)》의 시구.

제27조
경물에 직면 감흥(感興)을 일으키고, 경물을 체험 신리(神理)를 얻어야

정(情)을 머금어 훌륭하게 표현하고 경물에 직면하여 감흥을 일으키고 경물을 체험하여 신리(神理)를 얻게 되면, 자연스럽게 영롱 활발한 시구를 얻게 되고 자연스럽게 형성되는 공교(工巧)의 신묘함에 들게 된다. 단지 자구에서 기교만을 추구한다면, 성정이 먼저 외부에 의하여 흩어져서 의취(意趣)는 완전히 없어진다. 송릉체(松陵體)가 영원히 '소승(小乘)'으로 전락한 것은 구마다 기교를 구하지 않음이 없기 때문이다. 그러나 피일휴(皮日休) · 육구몽(陸龜蒙)은 어느 정도 흥회(興會)가 있었기 때문에 그런대로 읊조릴 만하였다. 한유(韓愈)와 같은 사람은 험운(險韻) · 기묘한 글자 · 옛날 시구 · 방언을 나열하는 기교를 자랑하니 교묘하기는 정말 교묘하였지만, 심정(心情)이나 흥회(興會)와는 조금도 관계되지 않으니 단지 벌주 놀이에나 적당할 뿐이다. 황정견(黃庭堅) · 미불(米芾)은 더욱 이러한 장애 속으로 빠졌다. 근자에 왕사임(王思任)은 그 하류(下流)를 이어서 자신의 재정(才情)을 돌아보지 않고 달리 지름길을 찾았으니 진실로 애석하다.

含情而能達, 會景而生心, 體物而得神, 則自有靈通之句, 參化工[120]之妙。若但於句求巧, 則性情先爲外蕩, 生意[121]索然矣。松陵體[122]永墮小乘者, 以無句不巧也。然皮、陸二子,[123] 差有興會, 猶堪諷咏。若韓退之以險韻、奇字、古句、方言矜其餖飣[124]之巧, 巧誠巧矣, 而於心情興會, 一無所涉, 適可爲酒令而已。黃魯直[125]、米元章[126]益墮此障中。近則王謔

120) 화공(化工) : 자연스럽게 형성되는 공교(工巧)로움.

121) 생의(生意) : 영롱하고 생동적인 시적 의취(意趣).

122) 송릉체(松陵體) : 송릉(松陵)은 강소(江蘇) 오강현(吳江縣)의 별칭이다. 피일휴(皮日休) · 육구몽(陸龜蒙)은 일찍이 당시 사람들과 소주(蘇州)에서 시를 주고받았는데 나중에 그것을 편집하여 《송릉집(松陵集)》이라고 하였다. 송릉체(松陵體)는 이로써 얻게 된 이름이다. 이들이 주고받았던 시는 모두 운에 의거하여 지었는데, 긴 것은 심지어 100운까지 이르렀고, 자구 · 전고 등의 기교를 강구하였으며, 제재는 대부분 사대부 계층의 한적한 생활이 되었다.

123) 피 · 륙이자(皮 · 陸二子) : 피일휴(皮日休) · 육구몽(陸龜蒙)을 말한다.

124) 두주(餖餸) : 두주(餖湊)로도 쓰이며, 험운(險韻), 기이한 글자, 옛날 시구, 방언 등을 나열하고 모아서 시를 짓는 폐습을 말한다. '두정(餖飣)'도 같은 의미이다.

125) 황노직(黃魯直) : 황정견(黃庭堅, 1045~1105). 자(字)가 노직(魯直), 호(號)는 산곡도인(山谷道人) · 부옹(涪翁)이다. 황정견(黃庭堅)은

菴[127]承其下游, 不恤才情, 別尋蹊徑, 良可惜也。

시 · 문 · 서법으로 당시에 명성을 얻었는데, 특히 시에서 뛰어났고, 강서시파(江西詩派)의 창시자가 되었다. 그는 장뢰(張耒) · 조보지(晁補之) · 진관(秦觀)과 소문사학사(蘇門四學士)로 칭해졌다. 그의 저작으로 《산곡내집(山谷內集)》 30권 · 외집(外集) 14권 · 별집(別集) 20권 · 사(詞) 1권 · 간척(簡尺) 2권이 있다.

126) 미원장(米元章) : 원장(元章)은 호(號)가 해악외사(海岳外史) · 양양만사(襄陽漫士)이다. 양양(襄陽)[지금의 후베이(湖北)에 속함] 사람이다. 송(宋) 휘종[徽宗 : 조길(趙佶)]의 부름으로 서화박사(書畵博士)가 되었다. 나중에 예부원외랑(禮部員外郎)으로 발탁되어 '미남궁(米南宮)'으로 불렸다. 옛 기물(器物)에 대한 감식을 잘했고, 시문에도 이름이 있었으며, 특히 서화에 뛰어났다. 저작으로 《보진영광집(寶晉英光集)》 8권 · 《서사(書史)》 · 《화사(畵史)》 등이 있다.

127) 왕학암(王謔菴) : 왕사임(王思任, 1574～1646). 자(字)가 계중(季重), 호(號)가 학암(謔菴), 산음(山陰)[지금의 저장(浙江) 사오싱시(紹興市)] 사람이다. 명(明) 만력(萬曆) 23년(1595)에 진사가 되었다. 마사영(馬士英)이 청(淸)의 군대에 패주하여 소흥(紹興)으로 왔는데, 왕사임(王思任)이 글을 지어 그 죄를 엄하게 꾸짖었다. 노왕(魯王)이 소흥(紹興)에서 국정을 맡았을 때 예부시랑(禮部侍郎) 겸 한림학사(翰林學士)가 되었다. 청(淸)의 군대가 소흥(紹興)을 격파하자 산중에서 곡기를 끊고 죽었다. 《왕계중선생문집(王季重先生文集)》이 있다.

제29조
문파가 세워지면 예술 생명은 사라져

어떤 바둑을 아는 사람이 다른 사람에게 바둑을 가르쳐서 여비를 벌었다. 나중에 한 고수를 만나 대국을 하였는데 십여 점을 두고서 그 고수가 문득 그를 조롱하며 "이는 술수를 가르치는 사람의 바둑일 뿐이다!"라고 하였다. 시문(詩文)에서 문파(門派)를 수립하여 다른 사람으로 하여금 자기를 배우게 하고, 다른 사람도 배워서 비슷해지면 스스로 자랑하여 '대가(大家)'가 되고, '재자(才子)'가 되니, 또한 문예계에서 술수를 가르치는 사람일 뿐이다. 고병(高棅) · 이몽양(李夢陽) · 하경명(何景明) · 이반룡(李攀龍) · 왕세정(王世貞) · 종성(鍾惺) · 담원춘(譚元春)은 숭상한 바는 다르지만, 그 귀취는 하나이다. 일단 하나의 문파가 세워지면, 단지 그 고정 격식만 있고 더 이상 성정(性情)도 없고, 더 이상 흥회(興會)도 없으며, 더 이상 사치(思致)도 없다. 자기를 묶고 다른 사람을 묶으니, 누가 그를 위해 풀어줄 것인가? 본조의 시가는 당연히 이 몇 사람들에게 예속된 것은 아니다. 유기(劉基)의 재사(才思)와 정취(情趣), 고계(高啓)의 운치와 기개, 유병(劉炳)의 고아하고 화려함, 패경(貝瓊)의 뛰어나고 빼어남, 탕현조(湯顯祖)의 생동적이고 정묘함과 같은 것은 깎아지른 절벽이 우뚝 솟아 있는 것과 같아 잡고 올라갈 수가 없으니, 사람들은 실로 넋을 잃고 바라보다가 돌아갔다. 나중에는 그 높이 치솟은 풍모와 정신으로 고인(古人)과 더불어 서로 광채를 내었다. 다음으로 손분(孫蕡)의 쾌적하면서 태연자약함, 주지(周砥)의 산뜻하고 청신함, 서정경(徐禎卿)의 문리가 주밀하면서도 내용이 풍부함, 고숙사(高叔嗣)의 군더더기 없고 굳셈, 이동양(李東陽)의 유창하면서 화미함, 서위(徐渭)의 호기 있고 늠름함은 각각 뛰어난 무대를 차지한 것으로, 심취하여 즐기며 스스로 만족하였다. (이들은) 정면에 간판을 달고 문파를 열어서 시가의 중매업자들로 채우지 않았으니, 만약 (그들의) 광휘가 활활 타오르도록 했다면 가리고서 억누를 수 있는 사람이 없었다. 어찌 보잘것없는 나머지 사람들과 사고파는 장소를 다투었겠는가? 이덕유(李德裕)가 "좋은 나귀는 무리를 쫓아가지 않는다"라고 한 말이 있듯이, 문파를 건립하고 문파에 기대는 자는 모두 패거리를 쫓는 자이다.

一解弈者, 以誨人弈爲遊資。後遇一高手, 與對弈, 至十數子, 輒揶揄之曰: "此教師碁耳!" 詩文立門庭, 使人學己, 人一學卽似者, 自詡爲"大家", 爲"才子", 亦藝苑敎師而已。高廷禮、李獻吉128)、何大復129)、李于鱗, 王元美130)、鍾伯敬131)、譚

128) 이헌길(李獻吉) : 이몽양(李夢陽, 1472~1530). 자(字)가 무석(無錫)·헌길(獻吉)이고, 호(號)는 공동자(空同子)이며, 경양(慶陽)[지금의 간쑤(甘肅)에 속함] 사람이다. 명(明) 홍치(弘治) 7년(1494)에 진사가 되어 호부주사(戶部主事)에 제수되었다. 강직한 성품과 절개로 이름이 났다. 환관 유근(劉瑾)의 죄상을 폭로했다가 화를 당하였다. 유근이 주벌(誅伐)되자 강서제학부사(江西提學副使)로 기용되었다. 그러나 신호(宸濠)와 연관된 사건으로 인해서 삭직(削職)당하였다. 그는 당시의 시문이 이동양(李東陽) 일파의 대각체(臺閣體)의 영향을 받아서 위약(萎弱)한 경향을 띠자, 이를 바로잡고자 "문장은 반드시 진(秦)·한(漢)의 기풍이어야 하고, 시는 반드시 성당(盛唐)의 풍격이어야 한다(文必秦漢, 詩必盛唐)"라고 하였다. 하경명(何景明)과 이름을 나란히 하였으며, '전칠자(前七子)' 가운데 한 사람이다. 《공동집(空同集)》 66권이 있다.

129) 하대복(何大復) : 하경명(何景明, 1483~1521). 자(字)가 중묵(仲默), 호(號)는 대복(大復)이다. 신양(信陽)[지금의 허난(河南) 신양시(信陽市)] 사람이다. 명(明) 홍치(弘治) 15년(1502)에 진사가 되었고, 정덕(正德) 연간에 섬서제학부사(陝西提學副使)가 되었다. 하경명은 처음에는 이몽양(李夢陽)과 서로 친밀하게 지내면서 함께 복고(復古)를 제창하였으나 나중에는 서로 공박(攻駁)하는 사이가 되었다. 두 사람 모두 당시에 이름을 떨쳤고, 시문의 주지(主旨) 또한 실지로 같았기 때문에 당시에 '이하(李何)'라고 병칭하였다. 《대복집(大復集)》 38권이 있다.

130) 왕원미(王元美) : 왕세정(王世貞, 1526~1590). 자(字)가 원미(元美), 호(號)가 봉주(鳳洲)·엄주산인(弇州山人)으로, 태창(太倉)[지금의 안후이(安徽)에 속함] 사람이다. 명(明) 가정(嘉靖) 26년(1547)에 진사가 되었고, 관직이 남경형부상서(南京刑部尙書)에 이르렀다. 이반룡

友夏[132]), 所尙異科, 其歸一也。纔立一門庭, 則但有其局格[133]), 更無性情, 更無興會, 更無思致; 自縛縛人, 誰爲之解者? 昭代[134])風雅, 自不屬此數公。若劉伯溫之思理[135]), 高季

(李攀龍)과 함께 '후칠자(後七子)'의 영수가 되었다.《엄주산인사부고(弇州山人四部稿)》174권,《속고(續稿)》207권이 있다.

131) 종백경(鍾伯敬) : 종성(鍾惺, 1574~1624). 자(字)가 백경(伯敬), 호(號)는 퇴곡(退谷)으로 경릉(竟陵)[지금의 후베이(湖北) 톈먼시(天門市)] 사람이다. 명(明) 만력(萬曆) 38년(1610)에 진사가 되었고, 벼슬이 복건제학첨사(福建提學僉事)에 이르렀다. 담원춘(譚元春)과 함께《고시귀(古詩歸)》·《당시귀(唐詩歸)》를 선집(選集)하였다. 이로써 '종(鍾)·담(譚)'으로 함께 거론되었다. 두 사람 모두 경릉(竟陵) 사람이었기 때문에 경릉파(竟陵派)로 불렸다. 저작으로《은수헌집(隱秀軒集)》8권이 있다.

132) 담우하(譚友夏) : 담원춘(譚元春, 1586~1637). 자(字)가 우하(友夏)이고, 경릉(竟陵) 사람이다. 명(明) 천계(天啓) 7년(1627)에 향시에서 제일위를 하였으나, 여러 차례 회시(會試)에서 낙방하였다. 숭정(崇禎) 10年(1637) 회시를 보러 가는 도중에 죽었다. 종성(鍾惺)과 더불어 경릉파(竟陵派)의 개창자가 되었다. 저작으로《담우하합집(譚友夏合集》23권이 있다.

133) 국격(局格) : '격국(格局)'과 같은 의미로, 고정 격식을 말한다.

134) 소대(昭代) : 정치가 밝은 시대라는 의미로, 옛날에는 본조(本朝)를 가리키는 말로 사용되었다. 여기서는 명대(明代)를 말한다.

135) 유백온지사리(劉伯溫之思理) : 유백온(劉伯溫)은 유기(劉基)이다. '사리(思理)'는 '사치(思致)'와 같다. 즉 재사(才思)와 정취(情致)를 말한다.

迪之韻度[136], 劉彥昺之高華[137], 貝廷琚之俊逸[138], 湯義仍之靈警[139], 絶壁孤騫[140], 無可攀躋, 人固望洋而返; 而後以其

136) 고계적지운도(高季迪之韻度) : 고계(高啓, 1336～1374)는 자(字)가 계적(季迪), 호(號)는 청구자(靑丘子)로, 장주(長州)[지금의 장쑤(江蘇) 쑤저우(蘇州)] 사람이다. 명(明) 홍무(洪武) 초년에 추천되어《원사(元史)》를 찬수하였고, 한림원국사편수관(翰林院國史編修官)에 제수되었다. 호부우시랑(戶部右侍郎)에 발탁되었으나 고사하였다. 나중에 위관(魏觀)과 관련된 사건에 연루되어 피살되었다. '명초사걸(明初四傑)' 가운데 한 사람이다. 운도(韻度)는 운치와 기개(혹 도량)를 말한다.

137) 유언병지고화(劉彥昺之高華) : 유병(劉炳, 1361년 전후로 생존함)은 자(字)가 언병(彥昺)이고, 파양(鄱陽)[지금의 장시(江西) 보양현(波陽縣)] 사람이다. 홍무(洪武) 초년에 주원장(朱元璋)이 회남(淮南)에서 군사를 일으켰을 때 서찰을 올려 사안을 논하여 중서전첨(中書典籤)으로 기용되었다. 대도독장기(大都督掌記)가 되어 나갔으며 동아지현(東阿知縣)에 제수되었으나, 병을 핑계로 돌아갔다. 시에 뛰어났다.《유언병집(劉彥昺集)》 9권이 있다. '고화(高華)'는 고아(高雅)하고 화려함을 말한다.

138) 패정거지준일(貝廷琚之俊逸) : 패경(貝瓊, 1314～1378)은 자(字)가 정거(廷琚)이고, 숭덕(崇德)[지금의 저장(浙江) 퉁샹현(桐鄕縣)] 사람이다. 홍무(洪武) 초년에 초빙되어,《원사(元史)》를 찬수하고, 국자조교(國子助教)에 임명되었다.《청강시집(淸江詩集)》 10권 · 문집(文集) 31권이 있다. '준일(俊逸)'은 뛰어나고 빼어남을 말한다.

139) 탕의잉지영경(湯義仍之靈警) : 탕의잉(湯義仍)은 탕현조(湯顯祖)를 말한다. '영경(靈警)'은 생동적이고 정묘함을 말한다.

140) 절벽고건(絶壁孤騫):우뚝 솟아 무리와 함께하지 않음을 말한다.

亭亭嶽嶽[141]之風神， 與古人相輝映。次則孫仲衍之暢適[142]，周履道之蕭淸[143]，徐昌穀之密贍[144]，高子業之戍削[145]，李賓

---

141) 정정악악(亭亭嶽嶽) : 높이 치솟아 있는 모습을 형용한다. 풍신(風神)은 인격의 풍채와 정신을 말하기도 하며, 작품상의 문채(文采)와 신운(神韻)을 나타내는 말로도 사용된다.

142) 손중연지창적(孫仲衍之暢適) : 손분(孫蕡, 1333~1389)은 자(字)가 중연(仲衍)이고, 순덕(順德)[지금의 광둥(廣東) 순더현(順德縣)] 사람이다. 홍무(洪武) 3년(1370)에 진사가 되었다. 관직이 한림전적(翰林典籍)에 이르렀고, 《홍무정운(洪武正韻)》을 편수하는 데 참여하였다. 남옥(藍玉) 사건에 연루되어 죽었다. 박학다식하면서 시에 뛰어났고 많은 저술을 남겼지만 산일(散逸)이 많았다. 《서암집(西菴集)》 9권이 있다. '창적(暢適)'은 쾌적하면서 태연자약함을 말한다.

143) 주이도지소청(周履道之蕭淸) : 주지(周砥, ?~?)는 자(字)가 이도(履道)이고, 원(元)의 말기 오현(吳縣)[지금의 장쑤(江蘇) 쑤저우시(蘇州市)] 사람으로, 무석(無錫)에서 타향살이를 하였다. 시에 능했으며 서화에도 뛰어났다. 마치(馬治)와 교유하면서 시를 주고받았는데, 《형남창화집(荊南唱和集)》 1권이라는 이름으로 세상에 전한다. '소청(蕭淸)'은 산뜻하고 깨끗하며 청신함을 말한다.

144) 서창곡지밀섬(徐昌穀之密贍) : 서정경(徐禎卿, 1479~1511)은 자(字)가 창곡(昌穀)이고, 선조가 금천(琴川)[지금의 장쑤(江蘇) 창수시(常熟市)] 사람으로, 나중에 오현(吳縣)[지금의 장쑤(江蘇) 쑤저우시(蘇州市)]으로 거처를 옮겼다. 홍치(弘治) 18년(1505)에 출사하였고, 관직이 국자감박사(國子監博士)에 이르렀다. 시문에 능했으며, '오중사제자(吳中四才子)', '전칠자(前七子)' 가운데 한 사람이다. 《적공집(迪功集)》 6권이 있고, 《담예록(談藝錄)》 1권이 있다. '밀섬(密贍)'은 문리가 주밀하면서 내용이 풍부함을 말한다.

之之流麗[146)], 徐文長之豪邁[147)], 各擅勝場, 沈酣自得; 正以

---

145) 고자업지술삭(高子業之戌削) : 고숙사(高叔嗣, 1501～1537)는 자(字)가 자업(子業), 호(號)는 소문산인(蘇門山人)으로, 상부(祥符)[지금의 허난(河南) 카이펑시(開封市)] 사람이다. 명(明) 가정(嘉靖) 2년(1523)에 진사가 되었고, 관직이 호광안찰사(湖廣按察使)에 이르렀다. 《소문집(蘇門集)》 8권이 있다. '술삭(戌削)'은 시문의 격조가 군더더기가 없으면서 굳센 것을 형용한다.

146) 이빈지지유려(李賓之之流麗) : 이동양(李東陽)은 자(字)가 빈지(賓之), 호(號)는 서애(西涯)이다. 다릉(茶陵) 사람이다. 명(明) 천순(天順) 8년에 진사가 되었다. 소사(少師)·태자태보(太子太保)·이부상서(吏部尙書)·화개전대학사(華蓋殿大學士) 등의 관직을 역임하였다. 조정에서 40여 년 동안 벼슬을 하였는데, 재상(宰相)으로 당시의 문단을 장악하여 사대부 문인들 사이에 영향력이 매우 컸다. '다릉시파(茶陵詩派)'라고 불렸다. 저작으로 《회록당집(懷麓堂集)》 100권, 시를 논한 것으로 《회록당시화(懷麓堂詩話)》가 있다. '유려(流麗)'는 유창하면서 화미함을 말한다.

147) 서문장지호매(徐文長之豪邁) : 서위(徐渭, 1521～1593)는 자(字)가 문장(文長), 문청(文淸) 또는 천지(天池)로, 스스로 청등산인(靑藤山人)이라고 하였다. 산음(山陰)[지금의 저장(浙江) 사오싱시(紹興市)] 사람이다. 호종헌(胡宗憲)을 위해 《헌백록표(獻白鹿表)》를 초안하여 명성을 얻었고, 또한 그를 위해 신기한 계책들을 내어 중용되었다. 호종헌이 죄를 지어 하옥되자, 서위는 스스로 죽으려 했으나 죽지 못했다. 후처를 죽인 죄로 투옥되었으나, 장원변(張元忭)의 구제활동으로 죽음을 면하였다. 서위의 예술적 재능은 천재적이고 탁월하여, 시·문·서·화 등에 두루 뛰어났다. 문학 방면에서 모의(模擬)를 반대하고 독창(獨創)을 제창하였으며, 풍격은 신기(新奇)하면서 방종(放縱)하고,

不懸牌開肆，充風雅牙行[148]，要使光燄熊熊[149]，莫能掩抑，豈與碌碌餘子爭市易之場哉? 李文饒有云: "好驢馬不逐隊行。"立門庭與依傍門庭者, 皆逐隊者也。

호매(豪邁)하면서 청신(淸新)하였다. 시문 저작으로《서문장집(徐文長集)》30권·《서문장일고(徐文長逸稿)》24권·《노사(路史)》·《천지비집(天地祕集)》·《필원요지(筆元要旨)》등이 있고, 희곡으로는 잡극《사성원(四聲猿)》이 있다. '호매(豪邁)'는 호기 있고 늠름한 것을 말한다.

148) "현패개사, 풍아아행(懸牌開肆, 風雅牙行)" : '현패개사(懸牌開肆)'는 '간판을 걸고 개점하다'는 뜻이고, '풍아아행(風雅牙行)'은 '시가의 중매업자(牙行)'라는 뜻이다. 여기서는 문파에 부화뇌동하는 사람을 비하한 말이다.

149) 웅웅(熊熊) : 빛나는 모양을 형용함.

제30조
문파의 건립은 '건안(建安)'에서 시작

문파의 건립은 건안(建安)으로부터 시작되었다. 조식(曹植)은 시를 쓰는 데 펼쳐서 나열하고 정돈하여 수식하고, 계급을 세워 다른 사람들이 등급 올라가는 데서 이윤을 얻었다. 이것으로 여러 문객들을 초치(招致)하니 이름을 알리는 데 용이했으며, 종이를 펴서 붓을 휘두르니 (모두) 부화뇌동하였다. 조비(曹丕)는 정미(精微)한 사고와 초일(超逸)의 운미를 가졌는데, 다른 사람들이 붙잡고 높은 곳에 오르는 것을 끊었기 때문에 다른 사람들이 따르기를 좋아하지 않고 도리어 가려지게 되었다. 조식은 이 때문에 형을 압도하고 그 명예를 탈취하였다. 사실 조비는 하늘로부터 부여받은 재주가 뛰어나면서 민첩하니 어찌 조식이 압도할 수 있는 바인가? 때문에 이를 이어서 일어난 사람, 예를 들면, 곽박(郭樸) · 완적(阮籍) · 사영운(謝靈運) · 도연명(陶然明)에서 좌사(左思) · 장협(張協)에 이르기까지 모두 건안(建安)의 작품을 감상하는 것을 달가워하지 않고, 조식을 업신여기듯이 보았다. 내려와서 양대(梁代)의 궁체(宮體), 내려와서 왕발(王勃) · 양형(楊

炯)・노조린(盧照鄰)・낙빈왕(駱賓王), 내려와서 대력(大曆)에서 활동했던 10명의 시인, 내려와서 온정균(溫庭筠)・이상은(李商隱)・양억(楊億)・유균(劉筠), 내려와서 '강서시파[江西宗派]', 내려와서 이몽양(李夢陽)・하경명(何景明)・왕세정(王世禎)・이반룡(李攀龍), 내려와서 경릉파(竟陵派) 등 왁자지껄하게 일어나서 그를 따르는 자들은 모두 일시에 부화뇌동하면서 알랑거렸던 무리일 뿐이다. 궁체가 성행할 때에는 곧바로 유신(庾信)의 가행(歌行)이 있어서 웅건한 필치가 종횡으로 펼쳐져, 화려한 필치의 작품이 창작되는 것을 하찮게 여겼다. 당(唐)의 초기에 배비(排比)・대우(對偶)가 강구될 때에는 곧바로 진자앙(陳子昂)・장구령(張九齡)이 있어서 대아(大雅)의 기풍을 발양시켰다. 계속해서 이백(李白)・두보(杜甫)가 번갈아 일어나서 한 잔의 술로 문장을 논하고 고상하게 칭찬하고 함께 어울렸다. 그러나 이백(李白)은 두보(杜甫)를 답습하지 않고, 두보는 이백을 모의하지 않았으니, 일찍이 같은 것은 무리 짓고 다른 것은 배척하며 경계를 갈라 묵수하지 않았다. 송(宋)나라 사람에게 미쳐서 경계와 보루를 다툼이 시작되었다. 구양수(歐陽修)는 양억(楊億)・유균(劉筠)의 미려(靡麗)함을 급박하게 바꾸었으나 굽음을 바로잡음이 너무 박절하여 굽은 데로 되돌아 들어가게 하니, 결국 한 세대로 하여금 시가 없어지게 하고, (고인의 작품을) 이곳에서 취하고 저곳에서 주워서 새로움을 과시하였으나 거의 벌주놀이와 같았다. 호원(胡元)은 부화(浮華)하고 염려(艷麗)하였는데 또 송(宋)의 문풍을 바로잡는 것으로 공력을 삼았다. 이러한 보잘것없는 싸움은 '흥관군원(興觀群怨)'에서 보자면 조금도 타당함이 없다. 유기(劉基)와 고계(高啓)는 화완(和緩)으로써 그것을 받아들여 원(元)나라 사람과 뛰어남을 다투지 않고 풍아(風雅)의 나루터를 스스로 물었다. 때문에 홍무(洪武) 연간에 시교(詩敎)가 중흥되어 400년 동안 세 차례나 변화하였던 비루한 문풍을 씻었다. 이로써 '재자(才子)'의 명목을 세우고 하나의 획일적인 법을 표방하여 용재(庸才)들을 선동, 아침저녁으로 본뜨고 답습하게 하는 것은 원래부터 준마를 제압하여 고삐를 매기에 부족하다는 것을 알겠다. 오직 세상에 백락(伯樂)과 같은 사람이 없다면, 소금 수레를 타고 태항산(太行山)에 오르는 자는 자연히 준마를 울릴 뿐이다.

建立門庭, 自建安[150]始。曹子建[151]鋪排整飾, 立階級以賺人升

150) 건안(建安) : 동한(東漢) 헌제(獻帝)[유협(劉協)]의 연호로, 그 시기

堂, 用此致諸趨赴之客, 容易成名, 伸紙揮毫, 雷同一律。子桓[152]精思逸韻, 以絶人攀躋, 故人不樂從, 反爲所掩。子建以是壓倒阿兄, 奪其名譽。實則子桓天才駿發[153], 豈子建所能壓倒耶? 故嗣是而興者, 如郭景純[154]、阮嗣宗[155]、謝客、陶公, 乃

는 서기 196년에서 220년까지이다.

151) 조자건(曹子建) : 조식(曹植, 192~232). 자(字)가 자건(子建)으로 조조(曹操)의 셋째 아들이다. 진왕(陳王)에 봉해졌고 사(思)라는 시호를 받았기 때문에 '진사왕(陳思王)'으로 불렸다. 조조(曹操)는 일찍이 그의 재주와 학문이 뛰어났기 때문에 그를 총애하여 태자(太子)로 세우려고 하였다. 그러나 나중에 총애를 잃었다. 조비(曹丕) · 조예(曹睿)가 서로 제위(帝位)에 오르면서 그를 시기하여 불행하게 일생을 마감하였다. 그의 전기 작품은 대체로 당시의 동란과 자기의 포부를 표현한 것이 많고, 후기의 것은 자신의 고통 · 울분을 표현한 것이 많다. 그는 창작에서 있어서 비흥의 수법, 정련된 언어, 화려한 문체를 추구하였고, 성률 · 자구의 세련미 · 대우(對偶) 등을 강조하였다. 또 사부(辭賦) · 산문(散文)에도 뛰어났다. 송(宋)나라 사람이 편집한 《조자건집(曹子建集)》이 있다.

152) 자환(子桓) : 조비(曹丕, 187~226). 자(字)가 자환(子桓)으로, 조조의 둘째 아들이다. 건안(建安) 16년(211) 오관중랑장(五官中郎將)으로 봉해졌고, 22년에는 위(魏)나라의 태자가 되었으며, 25년에는 한(漢)을 대체하여 위(魏) 왕조를 세우고 위(魏) 문제(文帝)가 되었다. 문학을 좋아하였는데 특히 시에 뛰어났다. 그의 시는 민가의 영향을 받아 언어가 통속적이고 묘사가 섬세하며 치밀하였다. 그의 〈연가행(燕歌行)〉은 문인의 칠언시 중에서 가장 일찍 지어진 것으로 여겨진다. 그의 《전론(典論) · 논문(論文)》은 중요한 문학이론을 담고 있다. 명(明)나라 사람이 편집한 《위문제집(魏文帝集)》이 있다.

至左太冲[156]，張景陽[157]，皆不屑染指建安之羹鼎[158]，視子建蔑如矣。降而蕭梁宮體[159]，降而王、楊、盧、駱[160]，降而大曆

---

153) 천재준발(天才駿發) : '천재(天才)'는 하늘로부터 부여받은 문학적 재주를 말하고, '준발(駿發)'은 문학적 재주가 빼어나면서도 민첩하게 발휘되는 것을 말한다.

154) 곽경순(郭景純) : 곽박(郭璞, 276~324). 자(字)가 경순(景純), 하동 문희(河東聞喜)[지금의 산시(山西) 원시현(聞喜縣)] 사람이다. 박학다재하였으며, 시 · 부에 뛰어났고, 또 천문 · 점술 등에도 조예가 깊었다. 서진(西晉) 말에 이민족이 침입하자 남쪽으로 건너와서 은우(殷祐) · 왕도(王導)의 참군(參軍)이 되었다. 나중에 상서랑(尙書郎)으로 발탁되었다. 또 왕돈(王敦)의 기실참군(記室參軍)이 되었는데, 왕돈이 반란을 일으켰을 때 그를 비난하다가 죽임을 당했다. 그의 〈유선시(遊仙詩)〉는 그의 문학세계를 대변한다. 현재 그의 저작으로 명(明)나라 사람이 편찬한 《곽홍농집(郭弘農集)》 2권이 있다.

155) 완사종(阮嗣宗) : 완적(阮籍, 210~263). 자(字)가 사종(嗣宗)이고, 진유 위씨(陳留尉氏)[지금의 허난(河南) 웨이스현(尉氏縣)] 사람이다. '건안칠자(建安七子)' 가운데 한 사람인 완우(阮瑀)의 아들이다. 관직은 보병교위(步兵校尉)에 이르렀다. 노장(老莊)을 좋아하였고 통음하면서 방달(放達)하였다. '죽림칠현(竹林七賢)' 가운데 한 사람이다. 그의 〈영회시(詠懷詩)〉 82수는 그의 창작세계를 대변한다. 현재 그의 저작으로 《완사종집(阮嗣宗集)》 4권이 있다.

156) 좌태충(左太冲) : 좌사(左思, 250?~305?). 자(字)가 태충(太冲)이고 제(齊)나라 임치(臨淄)[지금의 산둥(山東) 쯔보시(淄博市)] 사람이다. 진(晉) 무제(武帝) 때 비서랑(秘書郎)을 지냈다. 〈삼도부(三都賦)〉를 지어서 당시에 명성을 얻었다. 그는 시에서 뛰어났는데,〈영사(詠史)〉 8수는 매우 유명하다. 저작으로 《좌태충집(左太冲集)》 1권이 있다.

十才子161), 降而溫、李、楊、劉162), 降而 "江西宗派"163), 降而

---

157) 장경양(張景陽) : 장협(張協, ?~307). 자(字)가 경양(景陽)이고, 안평(安平)[지금의 허베이(河北) 안핑현(安平縣)] 사람이다. 영가(永嘉) 초년(307)에 황문시랑(黃門侍郎)이 되었으나 병을 핑계로 나가지 않고 초야에서 일생을 마감하였다. 그의 형 재(載) · 아우 항(亢)과 더불어 문학적 명성이 있어서 '삼장(三張)'이라 칭해졌다. 〈잡시(雜詩)〉 10수는 그의 대표작이다. 명(明)나라 사람이 편집한 《장경양집(張景陽集)》이 있다.

158) 염지건안지갱정(染指建安之羹鼎) : '염지(染指)'는 본래 《좌전(左傳) · 선공(宣公) 4년》에 나오는 말인데, 손을 솥 속에 넣어 자라 국을 맛보는 것을 말한다. 나중에는 전고(典故)로 사용되어 어떤 식품을 맛보는 것, 이익을 나누어 가지는 것, 참여하여 어떤 일을 하는 것 등을 말하였다.

159) 소양궁체(蕭梁宮體) : 양(梁) 간문제(簡文帝) 소강(蕭綱)이 태자가 되었을 때, 그 아우 소역(蕭繹)[즉 양(梁) 원제(元帝)] 및 서리(徐摛) · 유견오(庾肩吾) 등과 더불어 일종의 상층 귀족 문학집단을 형성하여, 경박하고 퇴폐적인 문필로 궁중의 사치 · 향락 · 음란 등을 묘사하여 통치계층의 유희문학으로 삼았다. '궁체(宮體)'라는 명칭은 이에서 나온 것이다. 이러한 궁체 시풍은 양(梁) · 진(陳) 사이에 극성을 이루었고 그 여파는 당(唐)의 초기에까지 미쳤다.

160) 왕(王), 양(楊), 노(盧), 낙(駱) : 왕발(王勃) · 양형(楊炯) · 노조린(盧照鄰) · 낙빈왕(駱賓王) 네 사람을 말한다. 이들을 '초당사걸(初唐四傑)'이라고 한다.

161) 대력십재자(大曆十才子) : 중당(中唐) 대력(大曆)[대종(代宗) 이예(李豫)의 연호, 766~779] 전후로 활동했던 10명의 시인으로, 노윤(盧

北地、信陽、琅邪、歷下164), 降而竟陵165), 所翕然從之者, 皆

綸)·길중부(吉中孚)·한굉(韓翃)·전기(錢起)·사공서(司空曙)·묘발(苗發)·최동(崔峒)·경위(耿湋)·하후심(夏侯審)·이단(李端) 등을 말한다.

162) 온(溫), 이(李), 양(楊), 유(劉) : 온정균(溫庭筠)·이상은(李商隱)·양억(楊億)·유균(劉筠)을 말한다.

163) 강서종파(江西宗派) : 황정견(黃庭堅)을 종사로 삼는 송대의 중요 시파이다. 황정견은 시를 짓는 데 경사(經史)를 꿰뚫고 학문을 위주로 해야 함을 주장하였다. 그는 시가 창작에서 이전 사람의 어구·시의 뜻을 변화시켜 대량으로 사용하였고, 글자마다 전고(典故)를 강구하고, 험운(險韻)·요구(拗句)의 사용을 좋아하였다. 이른바 '탈태환골(奪胎換骨)'·'점철성금(點鐵成金)' 등은 그의 창작 경향을 대변한다. 북송 말기의 여본중(呂本中)은 《강서종파시집(江西宗派詩集)》을 편찬하여 간행하였고, 또 〈강서종파도(江西宗派圖)〉를 만들어 황정견을 종조로 하고 그 아래로 진사도(陳師道)·반대림(潘大臨) 등 모두 25인을 나열하였다. 그 후에 양만리(楊萬里)가 또 '강서속파(江西續派)'를 보충하여 만들었고, 방회(方回)가 《영규율수(瀛奎律髓)》를 편찬하여 또 '일조삼종(一祖三宗)'설을 제기하였다. 그것은 두보(杜甫)를 조(祖)로 삼고, 황정견(黃庭堅)·진사도(陳師道)·진여의(陳與義)를 종(宗)으로 삼는 것이다.

164) 북지(北地), 신양(信陽), 낭야(琅邪), 역하(歷下) : 북지(北地)는 이몽양(李夢陽), 신양(信陽)은 하경명(何景明), 낭야(琅邪)는 왕세정(王世貞), 역하(歷下)는 이반룡(李攀龍)을 말한다.

165) 경릉(竟陵) : 지금의 후베이(湖北) 톈먼시(天門市)로, 경릉파(竟陵派)의 대표적 인물 종성(鍾惺)·담원춘(譚元春) 등은 모두 경릉 사람이

一時和哄漢耳。宮體盛時, 卽有庾子山[166]之歌行, 健筆[167]縱橫, 不屑煙花簇湊[168]。唐初比偶[169], 卽有陳子昂, 張子壽[170]扢

다.

166) 유자산(庾子山) : 유신(庾信, 513~581). 자(字)가 자산(子山)이고, 남양신야(南陽新野)[지금의 허난(河南) 신예현(新野縣)] 사람이다. 유견오(庾肩吾)의 아들이다. 유신 부자와 서리(徐摛) · 서릉(徐陵) 부자는 장기간 동궁(東宮)에서 관직생활을 하면서 대량의 기염(綺艶)한 시를 써서 '서유체(徐庾體)'라고 불렸다. 양(梁) 원제[元帝 : 소역(蕭繹)] 때에 명을 받아 서위(西魏)로 사신을 나갔는데, 서위가 양을 멸망시키는 환난을 만났다. 이로써 장기간 장안(長安)에 체류하게 되었다. 서위(西魏) · 북주(北周) 두 조정에서 벼슬하였다. 관직이 표기대장군(驃騎大將軍) · 개부의동삼사(開府儀同三司) · 사헌중대부(司憲中大夫)에 이르렀다. 후기의 작품은 고국과 고향을 그리워하는 심회를 표현한 것이 많다.

167) 건필(健筆) : 웅건(雄建)한 문장을 말한다.

168) 연화족주(煙花簇湊) : '건필종횡(健筆縱橫)'과 상대적인 말이다. '연화(煙花)'는 운무에 휩싸인 꽃, 아름다운 봄 풍경 · 기녀 · 풍월 · 애정 등을 나타낸다. 모두 궁체(宮體)의 묘사 대상과 관련이 있다. 때문에 그것을 '건필(健筆)'과 상대적인 '기려(綺麗)'한 필치의 작품으로 해석하는 것도 좋을 듯하다. '족주(簇湊)'는 '기려(綺麗)'한 필치의 작품이 창작되어 모이고 쌓이는 것을 의미한다.

169) 비우(比偶) : 시문에서 사구(詞句)의 배비(排比) · 대우(對偶)를 말한다.

170) 장자수(張子壽) : 장구령(張九齡, 678~740). 자(字)는 자수(子壽)이고, 소주 곡강(韶州曲江)[지금의 광둥(廣東) 사오관시(韶關市)] 사람

揚大雅。繼以李、杜代興，杯酒論文，雅稱同調；而李不襲杜，杜不謀李，未嘗黨同伐異，畫疆墨守。沿及宋人，始爭疆壘。歐陽永叔[171]亟反楊億、劉筠[172]之靡麗，而矯枉已迫，還入於

이다. 당대(唐代)의 시인 · 정치가로 활약하였다. 신공[神功 : 무측천(武則天)의 연호(年號)] 원년(697)에 진사가 되었고, 관직이 재상에까지 이르렀다. 나중에 참소를 받아 재상에서 물러나 향리에서 일생을 마쳤다. 그는 당대(唐代)의 유명한 재상이면서도 시문에 뛰어났다. 《장곡강집(張曲江集)》 20권이 있다.

171) 구양영숙(歐陽永叔) : 구양수(歐陽修, 1007～1072). 자(字)가 영숙(永叔), 호(號)는 취옹(醉翁)인데, 만년에는 또 육일거사(六一居士)라고 하였다. 여릉(廬陵)[지금의 장시(江西) 지안시(吉安市)] 사람이다. 인종(仁宗), 천성(天聖) 8년(1030)에 진사가 되었고, 관직이 추밀부사(樞密副使) · 참지정사(參知政事)에 이르렀다. 범중엄(范仲淹)의 경력혁신(慶曆革新)을 지지하였기 때문에 여러 차례 귀양살이를 했다. 만년에는 그의 사상이 보수적 경향으로 기울어져 왕안석(王安石)의 변법(變法)에 대해서도 불만을 가졌다. 그는 윤수(尹洙) · 매요신(梅堯臣) 등과 친밀하게 지내면서 시문 혁신을 창도하였고, 신인들을 배양하여 문단의 종사가 되었다. 그는 '당송고문팔대가(唐宋古文八大家)'의 한 사람으로 또한 시(詩) · 사(詞)에도 뛰어났다. 《구양문충공집(歐陽文忠公集)》이 있고, 시를 논한 것으로 《육일시화(六一詩話)》가 있다.

172) 양억(楊億), 유균(劉筠) : 양억(楊億, 974～1020)은 자(字)가 대년(大年)이고, 건주포성(建州浦城)[지금의 푸젠(福建)에 속함] 사람이다. 벼슬이 한림학사(翰林學士)에 이르렀다. 유균(劉筠)은 자(字)가 대의(大儀)이고, 대명(大名)[지금의 허베이(河北)에 속함] 사람이다. 벼슬이 한림학사승지(翰林學士承旨), 용도각직학사(龍圖閣直學士)에 이르렀다. 두 사람 모두 이상은(李商隱)을 모방하였는데, 특히 수식의 화려,

枉, 遂使一代無詩, 掇拾誇新, 殆同觴令。胡元[173]浮豔, 又以矯宋爲工。蠻觸之爭[174], 要於興觀羣怨, 絲毫未有當也。伯溫、季迪以和緩受之, 不與元人競勝, 而自問風雅之津。故洪武[175]間詩教中興, 洗四百年三變之陋[176]。是知立 "才子"之目, 標一成之法, 扇動庸才, 旦倣而夕肖者, 原不足以羈絡騏驥; 唯世無伯樂, 則駕鹽車上太行者, 自鳴駿足耳[177]。

대우(對偶)의 공교(工巧), 음절의 화해(和諧)를 추구하였다. 이로써 송초의 서곤체(西崑體)의 대표적 인물이 되었다.

173) 호원(胡元) : 호원(胡元)에 대해서는 자세히 알려지지 않았다.

174) 만촉지쟁(蠻觸之爭) :《장자(莊子) · 칙양(則陽)》에 다음과 같은 고사가 있다. "달팽이의 좌측 뿔에 세운 나라가 있었는데 촉씨(觸氏)라고 하였고, 달팽이의 우측 뿔에 세운 나라가 있었는데 만씨(蠻氏)라고 하였다. 늘 서로 땅을 차지하기 위해 싸움을 벌였는데, 수만의 사상자를 내었고, 패잔병을 축출하고서 15일이 되어서야 돌아왔다(有國於蝸之左角者, 曰觸氏; 有國於蝸之右角者, 曰蠻氏。時相與爭地而戰, 伏尸數萬, 逐北, 旬有五日而後反)." 이것은 사소한 것을 위해서 다투는 것으로 비유되었다.

175) 홍무(洪武) : 명(明) 주원장(朱元璋)이 나라를 세우고, 그 연호를 홍무(洪武, 1368～1398)라고 하였다.

176) 사백년삼변지루(四百年三變之陋) : 여기서 '사백 년(四百年)'은 대략 명(明) 주원장이 나라를 세운 1368년에서 위로 거슬러 북송(北宋)이 나라를 세운 960년까지를 말한다. '삼변지루(三變之陋)'는 송초의 서곤체, 구양수의 시문 혁신, 원대(元代)의 '부염(浮艷)'한 문풍을 말한다.

177) "세무백락(世無伯樂)" 이하 세 구절 :《전국책(戰國策) · 초(楚) · 고열왕(考烈王)》에 다음과 같은 고사가 있다. "무릇 천리마가 자라서

소금 수레를 끌고 태항산(太行山)을 오르는데, 발굽이 펴지면 무릎이 구부러지면서 넘어지고, 꼬리는 무거워서 처지고, 오장육부는 어지럽게 꼬이고, 진물이 흘러 땅에 떨어지고 하얗게 변한 땀이 이리저리 흘러내렸다. 산 중턱에서 그만 뒤로 물러나니, 수레를 끌고는 오를 수 없었다. 백락(伯樂)이 이것을 보고는 수레에서 내려 붙잡고 울면서 모시옷을 벗어서 덮어주니, 천리마는 이에 머리를 숙이고 푸푸 하며 기를 내뿜으며 머리를 들어서 울부짖으니 소리가 하늘까지 이르러, 마치 금석 소리를 내는 것과 같은 것은 무엇 때문인가? 저것이 백락과 같은 지기(知己)를 보았기 때문이다(夫驥之齒至矣, 服鹽車而上太行, 蹄申膝折, 尾湛胕潰, 漉汁灑地, 白汗交流, 中阪遷延, 負轅而不能上。伯樂遭之, 下車攀而哭之, 解紵衣以冪之, 驥於是俛而噴, 仰而鳴, 聲達於天,若出金石聲者何也? 彼見伯樂之知己也)."

제31조
문파가 세워지면, '재자(才子)', '명가(名家)'로 일컬어지는 것은 까닭이 있어

문파가 일단 세워지면 온 세상에 '재자(才子)'로, '명가(名家)'로 일컬어지는 것은 까닭이 있다. 만약 이몽양(李夢陽) · 하경명(何景明) · 왕세정(王世貞) · 이반룡(李攀龍)의 문하에서 종이 되고 싶으면, 단지 《운부군옥(韻府羣玉)》 · 《시학대성(詩學大成)》 · 《만성통종(萬姓統宗)》 · 《광여기(廣輿記)》와 같은 네 권의 책을 사서 책상머리에 놓고 제목의 취지에 맞추어 (자구를) 찾아서 모으면 부족함이 없다. 만약 경릉파(竟陵派)의 타액(唾液)을 빨고자 한다면, 더 이상 이렇게 할 필요도 없으니, 단지 곧바로 빈한한 서생들이 읊조리는 시문(時文)에서 사용하는 '지(之)', '어(於)', '기(其)', '이(以)', '정(靜)', '담(澹)', '귀(歸)', '회(懷)'와 같은 익숙한 자구들을 빌어다가 한데 모아서 지으면, 바로 어느새 뜻밖에도 문인이 된다. 이것은 마치 원휴(源休)가 도적(圖籍)을 수집하자, 즉시 스스로 찬(酇) 땅의 제후 소하(蕭何)라고 말한 것과 같으니, 어찌 백화전(白華殿)으로 향하여 주차(朱泚)를 옹호하여 추대하지 않을 수 있었겠는가? 주차(朱泚)가 된 자는 드디어 화려한 옷을 걸치고 스스로 천자라고 여겼다. 온 세상에 가득한 것은 재주가 영민하지 못하고, 학문이 충실하지 못하고, 사고가 정밀하지 못하고, 감정이 충분하지 않은 상황에서 문장을 짓는 자들이니, 열 개의 성씨, 백 개의 가문들이 모두 이처럼 하였다. 이를 가지고 문장을 짓는 편리한 문호를 열어서 큰 공을 가진 덕망 있는 주인으로 행세하니, 누가 그를 버리고 가리오? 또 그 아래로 다시 교연(皎然)《시식(詩式)》 일파의 하류가 있었는데, 인쇄용지의 문신(門神)에 붉은색, 초록색으로 복을 기원하는 말을 써넣고서는 또한 시라고 불렀다. 장자(莊子)는 "사람은 마음이 죽은 것보다 더 슬픈 것은 없다"고 하였는데, 마음이 죽었는데, 어찌 내가 영웅이라고 생각하는 것이 불가하겠는가?

所以門庭一立, 擧世稱爲"才子", 爲"名家"者有故。如欲作李、何、王、李178)門下厮養, 但買得《韻府羣玉》、《詩學大成》、《萬姓統宗》、《廣輿記》179)四書置案頭, 遇題査湊,

---

178) 이(李), 하(何), 왕(王), 이(李) : 이몽양(李夢陽) · 하경명(何景明) · 왕세정(王世貞) · 이반룡(李攀龍)을 말한다.

179) 《운부군옥(韻府羣玉)》, 《시학대성(詩學大成)》, 《만성통종(萬姓統宗)》, 《광여기(廣輿記)》 : 《운부군옥(韻府羣玉)》은 원(元)의 음시부(陰

卽無不足。若欲吮竟陵之唾液, 則更不須爾, 但就措大家所誦時文"之"、"於"、 "其"、"以"、"靜"、"澹"、"歸"、 "懷"熟活字句湊泊將180), 卽已居然詞客。如源休一收圖籍, 卽自謂酇侯, 何得不向白華殿擁戴朱泚耶?181) 爲朱泚者, 遂褎然自以爲天子矣。擧世

時夫)·음중부(陰中夫)가, 《시학대성(詩學大成)》은 송(宋)의 모직방(毛直方)이 편찬하였으며, 《만성통종(萬姓統宗)》은 미상이다. 《광여기(廣輿記)》는 명(明)의 육응양(陸應陽)이 편찬하였다.

180) "단취조대가(但就措大家)" 구절 : 경릉파(竟陵派)는 시를 쓰는 데 허자를 많이 쓰는 병폐가 있었다. 왕사정(王士禎)은 경릉파의 이와 같은 병폐를 지적하였다. "천계(天啓) 이후로 경릉파가 성행하여, 후배들이 그것을 모방하였는데, 언(焉)·재(哉)·호(乎)·야(也) 등과 같은 허자(虛字)를 많이 사용하여 시구를 이루니, 때때로 사람으로 하여금 먹던 밥을 내뿜게 하였다(天啓後竟陵派盛行, 後生效之, 多用焉, 哉, 乎, 也等虛字成句, 往往令人噴飯)"[《대경당시화(帶經堂詩話)》 권27·《속폄류(俗砭類)》].

181) "여원휴(如源休)" 이하 세 구절 : 원휴(源休)는 당(唐)나라 때 상주(相州) 임장(臨漳) 사람으로 덕종(德宗) 때 벼슬이 경조소윤(京兆小尹) 겸 어사중승(御史中丞)에 이르렀다. 일찍이 주차(朱泚)가 반란을 일으켰을 때, 원휴(源休)는 그를 위해 널리 도적(圖籍)을 수집하였다. 이것은 소하(蕭何)가 널리 도적(圖籍)을 수집하여 유방(劉邦)이 나라를 세우는 데 기초를 닦았던 사례를 모방한 것이다. 찬후(酇侯)는 바로 한(漢) 고조(高祖)의 공신인 소하(蕭何)를 말한다. 찬(酇)은 원래 한(漢)나라 때 소하를 처음 제후로 봉한 지역이다. 지금의 허난성(河南省) 용청현(永城縣)의 서남쪽에 있다. 주차(朱泚)는 유주(幽州)의 창평(昌平) 사람으로 덕종(德宗) 때 벼슬이 유주절도사(幽州節度使)·태위(太尉)·중서령(中書令) 등에 이르렀다. 덕종(德宗) 건중(建中) 4년 11월에 반

悠悠, 才不敏, 學不充, 思不精, 情不屬者, 十姓百家而皆是。有此開方便門大功德主, 誰能舍之而去? 又其下更有皎然《詩式》一派下游, 印紙門神[182]待塡朱綠者, 亦號爲詩。莊子曰: "人莫悲於心死。"[183] 心死矣, 何不可圖度予雄邪?

란이 일어나자, 원휴(源休) · 요영언(姚令言) 등 8인이 주차(朱泚)를 인도하여 선정전(宣政殿)으로 들어가 덕종의 지위를 찬탈하고 주차를 대진황제(大秦皇帝)라 칭하고, 이해를 응천원년(應天元年)이라 하였다. 나중에 이성(李盛)에게 격파되었다.

182) 문신(門神) : 중국인들은 전통적으로 음력 정월에 집집마다 대문의 좌우측에 '신차(神茶)'와 '울루(鬱壘)' 두 신상(神像)을 붙인다. 이것은 두 신상이 요괴가 집안에 들어가서 나쁜 짓을 하는 것을 막아 가정의 안녕과 평화를 지켜준다고 믿었기 때문이다. 춘련(春聯) 또한 이러한 '문신(門神)'의 풍속에서 연유된 것이다. '문신(門神)'에도 또한 평화, 안녕, 복 등을 기원하는 말을 쓴다.

183) "인막비어심사(人莫悲於心死)" : 《장자(莊子) · 전자방(田子方)》에 나오는 말이다. "공자가 말하기를 아! 어째서 체찰(體察)하지 않을 수 있는가? 무릇 슬픔은 마음이 죽은 것보다 큰 것이 없으니, 사람의 죽음 또한 그 다음이다(仲尼曰 : 惡! 可不察與! 夫哀莫大於心死, 而人死亦次之)."

제35조
창작에서 출처를 구하는 것은 가소로운 짓

[두보(杜甫)의] "지는 해는 큰 깃발 비추고, 말은 울고 바람은 쌩쌩 부네"는 어찌 [《시경(詩經)》의] "힝힝 말은 울고, 펄럭펄럭 깃발 날리네"로써 출처(出處)를 삼았으리오? 뜻을 사용함이 다르면, 슬픔과 기쁨의 광경은 원래 서로 빌리지 못하니, (두 시는) 언어로 표현할 때 우연히 교묘하게 합치되었을 뿐이다. 출처를 반드시 구하는 것은 송(宋)나라 사람의 비루함이다. 그중에서 더욱 고리타분하고 융통성 없는 것은 이미 시에서 출처를 구했으면서 또한 시로써 출처를 삼아 사리(事理)를 고증하는 것이다. 두보(杜甫)의 시 "내가 그대와 교분 돈독히 하고자 술 한 말을 사고자 하는데, 마침 내 수중에는 삼백(三百)의 청동전이 있다네"는 결국 이에 의거하여 당(唐)나라의 술값을 정하는 것이 되었다. 최국보(崔國輔)의 시에는 "그대와 교분 나누기 위해 술 한 말 사는데, 마침 십천(十千)의 돈을 사용했네"라고 되어 있다. 두보(杜甫)가 (술) 사는 곳에 가서 술을 사서, 최국보(崔國輔)에게 팔면, 어찌 삼십 배나 이익을 얻지 않으리오? 출처를 구하는 것은 그 가소로운 것

이 이와 같다.

"落日照大旗, 馬鳴風蕭蕭"184), 豈以"蕭蕭馬鳴, 悠悠旆旌"185)爲出處邪? 用意別, 則悲愉之景原不相貸, 出語時偶然湊合耳。必求出處, 宋人之陋也。其尤酸迂不通者, 旣於詩求出處, 抑以詩爲出處,考證事理。杜詩: "我欲相就沽斗酒, 恰有三百青銅錢。"186) 遂據以爲唐時酒價。崔國輔187)詩: "與沽一斗酒, 恰用十

184) "낙일조대기(落日照大旗)" 이하 두 구절 : 두보(杜甫)의 〈후출새오수(後出塞五首)〉 가운데 두 번째 시의 시구.

185) "소소마명, 유유패정(蕭蕭馬鳴, 悠悠旆旌)" : 《시경(詩經) · 소아(小雅) · 거공(車攻)》의 시구.

186) "아욕상취고두주(我欲相就沽斗酒)" 이하 두 구절 : 두보(杜甫)의 〈핍측행증사요(偪側行贈四曜)〉의 시구로, 그 원문은 "속의상취음일두(速宜相就飮一斗), 흡유삼백청동전(恰有三百青銅錢)"이다. 두보를 '시사(詩史)'로 추앙하면서, 이것으로 당(唐)나라 때의 술값을 고증하려는 풍조가 있었다.

187) 최국보(崔國輔, ?~?) : 당(唐)나라 때의 시인으로 개원(開元) 4년(726)에 진사가 되었고, 일찍이 허현령(許縣令) · 집현원직학사(集賢院直學士) · 예부원외랑(禮部員外郎) 등의 관직을 맡았다. 천보(天寶) 연간에 사건에 연루되어 경릉사마(竟陵司馬)로 폄적되었다가 생을 마감하였다.
"여고일두주(與沽一斗酒), 흡용십천전(恰用十千錢)"은 그의 〈잡시(雜詩)〉의 시구이다. 이 시의 "두주십천금(斗酒十千錢)"은 조식(曹植)의 〈명도편(名都篇)〉 "평락관(平樂觀)으로 돌아와 연회를 여니, 좋은 술[美酒]은 한 말에 십천이라네(歸來宴平樂, 美酒斗十千)"를 습용한 것이다.

千錢。"就杜陵沽處販酒向崔國輔賣， 豈不三十倍獲息錢邪？ 求出處者, 其可笑類如此。

조식(曹植)의 "미주두십천(美酒斗十千)" 또한 당시의 실제적인 술값을 말하는 것이 아니라, 술값을 매우 높게 묘사하여 연회가 화려하다는 것을 부각되게 하려는 것이다.

제38조
칠언절구는 솔직담백하게 필치를 운용하고 자연스럽게 써야

근체(近體)는 양(梁) · 진(陳)에서 이미 존재했는데, 두심언(杜審言)에 이르러서 처음으로 법도에 부합했다. 가행(歌行)은 포조(鮑照) · 유신(庾信)이 처음으로 지었는데, 이백(李白)에 이른 후에는 그 극치를 다하였다. 대개 (어떤 체제를) 처음으로 짓는 것은 마치 물고기가 물가의 모래톱에서 처음으로 떠다니는 것과 같고, 나중에 지어지는 것은 헤엄치면서 자유자재로 노니는 것과 같으니, 이것은 마음이 펴지자 비늘과 갈기가 펴지기 때문이다.

칠언절구(七言絶句)는 초당(初唐) · 성당(盛唐)에서 이미 풍부하게 지어졌는데, 점점 엄격해졌기 때문에 그것의 문채(文彩)와 신운을 손상시켰다. 유우석(劉禹錫)에 이르러서는 천연(天然)에서 (작품이) 방대하게 쏟아져 나왔고, 성정(性情)을 드러내어 높이 올리고, 경물(景物)을 많고도 성대하게 묘사하여 완연(宛然)하게 문장을 이루지 않음이 없었으니, 진실로 소시(小詩)의 생동적이고 뛰어난 필치가 되었다. 이 체제는 한결같이 재정(才情)을 위주로 한다. 언어가 간명한 것은 속박되어 펼쳐지지 못하는 것을 가장 꺼리니, 속박되어 펼쳐지지 못하는 경우에는 반드시 구속이 있다. 만약 구속이 없다면 또한 삭막하여 여유가 없다. 구속을 벗어난 탁월한 흉금이 없으면, 바야흐로 달리고자 하여도 불현듯 절룩거리다 넘어진다. 뜻이 교오(驕傲)하고 장중에만 있다면 단지 피곤하게 될 뿐이다. 이로써 구한다면, 솔직담백하게 필치를 운용하고 자연스럽게 문장을 이루기가 어려운 것은 법도에 의거해서 합치되게 하는 것보다 배나 어렵다는 것을 알겠다. 솔직담백하게 필치를 운용하고 자연스럽게 문장을 쓰는 것은 법률에 의거하고 법도에 부합시켜 쓰는 것보다 배나 어렵다는 것을 알겠다. 유우석(劉禹錫) 이후에 오직 천부적 자질이 높고 밝은 사람만이 그의 뛰어난 자취를 밟아 갈 수 있었는데, 백거이(白居易) · 소식(蘇軾)은 모두 부합되는 작품이 있었고, 근자에는 탕현조(湯顯祖) · 서위(徐渭) · 원굉도(袁宏道)가 왕왕 뛰어난 경지에 다다를 수 있었으니, 유우석(劉禹錫)으로 본보기를 삼지 않음이 없었다. 문재(文才)가 있는 것과 문재가 없는 것, 감정(感情)이 있는 것과 감정이 없는 것은 오직 이 체제로써 그것을 증험할 수 있다. 오언고시(五言古詩)를 지을 수 없으면, 풍아(風雅)의 전당에 들어가기에 부족하고, 칠언절구(七言絶句)를 지을 수 없으면, 완전히 시를 짓기에 적당하지 않다. 가지각색의 근체시(近體詩) 가운데에서 좋은 대구어(對句語)를 찾아 시를 짓는다면, 하나의 사륙문(四六文)을 짓는 막객에 불과할 뿐이다.

近體, 梁、陳已有, 至杜審言而始叶於度。歌行, 鮑、庾初製, 至李太白而後極其致。 蓋創作猶魚之初漾於洲渚, 繼起者乃泳游自恣, 情舒而鱗鬐始展也。七言絶句, 初盛唐旣饒有之, 稍以鄭重, 故損其風神。至劉夢得而後宏放出於天然, 於以揚扢[188]性情, 馺娑[189]景物, 無不宛爾成章, 誠小詩之聖證[190]矣。此體一以才情爲主。言簡者最忌局促[191], 局促則必有滯累[192]; 苟無滯累, 又蕭索無餘。非有紅爐點雪之襟宇[193], 則方欲馳騁, 忽爾蹇

---

188) 양흘(揚扢) : 현양(顯揚)의 뜻.

189) 삽사(馺娑) : 많고 성대한 모습을 형용.

190) 성증(聖證) : 정채 있는 묘사를 하여 뛰어난 경지에 이른 시구.

191) 국촉(局促) : 속박을 받아 펼쳐지지 못함을 형용.

192) 체루(滯累) : 속박, 구속.

193) 홍로점설지금우(紅爐點雪之襟宇) : '홍로점설(紅爐點雪)'은 《경덕전등록(景德傳燈錄)》에 나오는 말이다. 불가(佛家) 용어로 빨갛게 타오르는 화로 위에 한 점의 눈은 즉시 녹아버린다는 뜻이다. 불가에서는 이를 빌려 오도 · 해탈을 비유한다. 시론가들은 이를 빌려 정(情)과 경(情)의 신묘한 결합, 뜻[意]이 구속되고 막힘이 없어야 함을 비유하였다 [《전주(箋注)》, p. 131. 참고]. '금우(襟宇)'는 흉금 · 생각 · 포부 · 기백

躓; 意在矜莊, 衹成疲苶。以此求之, 知率筆口占之難, 倍於按律合轍也。夢得而後, 唯天分高朗者能步其芳塵, 白樂天、蘇子瞻皆有合作, 近則湯義仍、徐文長、袁中郎往往能居勝地, 無不以夢得爲活譜。才與無才, 情與無情, 唯此體可以驗之。不能作五言古詩, 不足入風雅之室; 不能作七言絶句, 直是不當作詩. 區區近體中覓好對語, 一四六[194]幕客而已。

등을 나타낸다.

194) 사륙(四六) : 변문(騈文)의 한 체제로 사륙변려(四六騈儷)를 말한다. 변문(騈文)이 4 · 6으로 대우를 삼은 것은 남조(南朝)시대에 형성되어, 당 · 송(唐 · 宋)시대에 성행하였다. 당(唐) 이래로 격식이 완전히 정형화되었기 때문에 '사륙(四六)'이라고 불렀다. 또한 '사륙문(四六文)' 혹은 '사륙체(四六體)'라고도 하였다.

제42조
지척(咫尺)에 만리(萬里)의 기세가 있어야

그림을 논하는 사람이 "지척(咫尺)에 만리(萬里)의 세(勢)가 있어야 한다"고 하였는데, 마땅히 '세(勢)' 한 글자에 주의해야 한다. 만약 '세(勢)'를 강구하지 않으면, 만리(萬里)를 지척(咫尺)에 축약시킨 것이니, 단지 《광여기(廣輿記)》 앞에 그려놓은 한 장의 천하지도일 뿐이다. 오언절구에서는 이로써 착상(着想)할 때 제일의 원칙으로 삼는데, 오직 성당(盛唐)의 시인만이 그 오묘함을 터득하였다. 예를 들면, "그대는 어디에 사시나요? 저는 횡당(橫塘)에 사는데요. 배를 멈추어 잠시 여쭙고자 하는데요, 혹시 같은 고향일까 싶어서요"와 같은 것은 묵기(墨氣)가 흘러 퍼져 사방에 끝이 없으니, 글자가 없는 곳에도 모두 그 뜻이 담겨 있다. 이헌길(李獻吉)의 시 "넓고 넓은 장강(長江)의 물결, 황주(黃州)는 도대체 어느 쪽에 있을까? 강기슭은 산을 휘감아 돌고 있는데, 배는 어느새 황주(黃州)의 성루(城樓) 앞에 이르렀네"는 실로 이러한 풍미(風味)를 잃지 않았다.

論畫者曰: "咫尺有萬里之勢"195) 一"勢"字宜着眼。若不論勢, 則縮萬里於咫尺, 直是《廣輿記》前一天下圖耳。五言絶句, 以此爲落想時第一義, 唯盛唐人能得其妙。如 "君家住何處? 妾住在橫塘。停船暫借問, 或恐是同鄉。"196), 墨氣所射, 四表無窮, 無字處皆其意也。李獻吉詩: "浩浩長江水, 黃州若箇邊? 岸回山一轉, 船到堞樓前。"197)固自不失此風味。

---

195) "지척유만리지세(咫尺有萬里之勢)" : 이것은 특히 화론(畵論)에서 그림 그리는 중요한 원리로 자주 제기되는 말이다. 예를 들면, "소분(蕭賁)은 자가 문환(文奐)으로, 글씨를 잘 쓰고 그림을 잘 그렸는데, 부채 위에 산수 그림을 그리면, 만리가 아득하게 있게 됨을 느끼게 하였다(蕭賁字文奐, 能書善畫, 於扇上圖山水, 咫尺之內, 便覺萬里為遙)"[《남사 · 경릉문선왕자량전(南史 · 竟陵文宣王子良傳)》], "먼 기세를 표현하는 데 더욱 뛰어나 고인 가운데는 비견할 만한 사람 없네, 지척의 화폭에서 마땅히 만리의 기세가 자아나게 해야 하네(尤工遠勢古莫比, 咫尺應須論萬里)"[두보(杜甫)〈희제서산수도가(戲題畫山水圖歌)〉], "이 대나무는 단지 몇 척에 불과한데, 지척에서 만리의 기세가 있네(此竹數尺耳, 而有咫尺有萬里之勢)"[소식(蘇軾)〈문여가화운당곡언죽기(文與可畫篔簹谷偃竹記)〉] 등이다.

196) "군가가하처(君家住何處)" 이하 네 구절 : 최호(崔顥)의 〈장간행(長干行)〉 네 수 가운데 첫 번째의 시구.

197) "호호장강수(浩浩長江水)" 이하 네 구절 : 이몽양(李夢陽)의 〈황주(黃州)〉의 시구.

제43조
오언, 칠언절구의 이상적인 작법

오언절구는 오언고시로부터 왔고, 칠언절구는 가행(歌行)으로부터 왔는데, 이 두 체제는 본디 율시 이전에 있었으니, 율시가 이로부터 나온 것은 변화시켜 충분하면서 유창하게 확대한 것 일뿐이다. 절구에 대해서 말한 사람이 있는데, (절구는) 율시의 한 쪽 반을 끊어 취한 것, 혹 앞의 네 구를 끊은 것, 혹 수미(首尾) 각 두 구를 끊은 것, 혹 중간 두 연(聯)을 끊은 것이라고 하였다. 이를 자세히 살펴보면, 머리를 베이고 다리를 잘린 참형(斬刑)을 당한 사람과 같을 뿐이다. 누가 이 설을 만들어서 사람의 신체를 베고 자르는지 모르겠다! 오언고시에서 온 것은 하나의 의(意) 가운데에서 원만하고 정결하게 문장을 이루어, 글자 밖에 심원한 신리(神理)를 담고서, 사람으로 하여금 사색하게 만든다. 가행으로부터 온 것은 하나의 기(氣) 가운데에서 구속이 없이 영롱하며 활발하게 문장을 이루어, 구(句) 가운데에 여운이 있어서 다른 사람의 감정을 감동시킨다. (오언과 칠언은) 장단이 비록 다르지만 번잡하며 막히고 계루되게 해서 안 된다는 것은 동일하다. 오언절구에서 두 연을 평탄하게 펼치는 수법이 있는데, 또한 음갱(陰鏗)·하손(何遜)의 고시(古詩)에서 나온 지류이다. 칠언절구에는 대우(對偶)를 운용함이 있는데, "고향에서는 오늘 밤 천리 타향에 있는 사람 생각하겠지, 서리처럼 하얀 살쩍 내일이면 또 일 년을 맞이하네"와 같은 것은 또한 유동적이면서 아무런 속박도 받지 않았으니, 결국은 "무협(巫峽)은 파도가 하늘까지 치솟아 오르고, 무산(巫山)은 풍운이 땅에 휘몰아치고 깔려 어두워지네"와 같은 질박한 시어만을 지을 수 없다. 절구는 율시의 네 구를 끊는 것이라는 설은 거간꾼이 손님을 속이는 말임을 알 수 있으니, 지각 있는 사람이라면, 그에게 부화뇌동하는 것을 받아들이지 못한다.

五言絶句自五言古詩來, 七言絶句自歌行來, 此二體本在律詩之前; 律詩從此出, 演令充暢耳。有云絶句者, 截取律詩一半, 或絶前四句, 或絶後四句, 或絶首尾各二句, 或絶中兩聯。審爾, 斷頭刖足, 爲刑人而已。不知誰作此說, 戕人生理! 自五言古詩來者, 就一意中圓淨成章, 字外含遠神, 以使人思; 自歌行來者, 就一氣中駘宕靈通[198], 句中有餘韻, 以感人情。脩短雖殊, 而不可雜冗滯累[199]則一也。五言絶句有平鋪兩聯者,

198) 태탕영통(駘宕靈通) : '태탕(駘宕)'은 제한이나 구속이 없는 것을 말하고, '영통(靈通)'은 영롱하고 활발함을 말한다.

亦陰鏗、何遜[200]古詩之支裔。七言絶句有對偶，如："故鄕今夜思千里，霜鬢明朝又一年"[201]，亦流動不羈，終不可作"江間波浪兼天湧，塞上風雲接地陰"[202]平實語[203]。足知絶律四句之說，牙行[204]賺客語，皮下有血人不受他和哄。

---

199) 잡용체루(雜冗滯累)：'잡용(雜冗)'은 번잡을, '체루(滯累)'는 막히고 계루됨을 말한다.

200) 음갱(陰鏗), 하손(何遜)：음갱(陰鏗, ?～?)은 자(字)가 자견(子堅), 무위 고장(武威姑臧)[지금의 간쑤(甘肅) 우웨이현(武威縣)] 사람으로 남조(南朝) 진(陳)나라 시인이다. 하손(何遜, ?～527?)은 자(字)가 중언(仲言)이고 동해담(東海郯)[지금의 산둥(山東) 탄청현(郯城縣)] 사람이다. 두 사람 모두 산수의 경물 묘사에 뛰어났고 수사를 강구하였으며 자구를 조탁하고 음운의 화해를 추구하여 풍격이 서로 비슷하였다.

201) "고향금야사천리(故鄕今夜思千里)" 이하 두 구절：고적(高適)의 〈제야작(除夜作)〉의 시구.

202) "강간파랑겸천용(江間波浪兼天湧)" 이하 두 구절：두보(杜甫)의 〈추흥(秋興)〉 8수 가운데 그 첫 번째의 시구.

203) 평실어(平實語)：문장의 말이 소박하고 충실하면서 화려함이 없음을 말한다.

204) 아행(牙行)：거간꾼을 말함.

제45조
여러 종류의 '악시(惡詩)'

문파 이외에 더욱 여러 종류의 악시(惡詩)가 있다. 부인이 지은 것과 같은 것이 있고, 중이 지은 것과 같은 것이 있고, 향리의 글방 훈장이 지은 것과 같은 것이 있고, 떠돌이 식객이 지은 것과 같은 것이 있다. 부인(婦人)이나 중이 소소한 지혜가 없는 것이 아니고, 글방 훈장이나 떠돌이 식객 또한 고담을 떠벌린다. 그러나 그 견식과 도량은 바느질하고, 채소나 죽순을 마련하고, 쌀을 세고, 소금을 헤아리고, 돈 있는 사람에게 재물을 빼앗고, 돈을 빌려달라고 간청하는 가운데에서 벗어나지 못하니, 천하고금의 일이나 슬픔과 기쁨의 감정과는 서로 전혀 관계가 없고, 설사 그것을 추측하고 헤아려 말하더라도 또한 월(粵)나라 사람이 눈을 읊조리는데 단지 희고 차가움만을 말하는 것과 같을 뿐이다. 그러나 이러한 여러 가지는 또한 유래한 바가 있어서 근거로 한 것이니, 부인이 지은 것과 같은 것은 《국풍(國風)》을 모방하였으나, 그 지나쳐서는 안 되는 법도를 벗어났다. 진(晉)・송(宋) 이후로는 부드러움이 장부에게로 옮겨졌는데, 가까이로는 왕형(王衡)・담원춘(譚元春)이 그에 해당한다. 중이 지은 것과 같은 것은 그 원류가 동진(東晉)에서 왔다. 종영(鍾嶸)은 도연명(陶淵明)을 '은일 시인의 모범이 되는 사람'이라 하였는데, 또한 그 견식과 도량이 넓지 않고, 기(氣)가 뛰어나지 않아서이니, 이보다 아래에 있는 사람들은 어떠한지 알 수 있다. 이로부터 가도(賈島)는 자신의 본색을 굳건히 하였고, 진사도(陳師道)는 고심하며 깊이 찾았지만, 단지 하찮은 내용과 기존의 격식에 빠졌을 뿐이다. 근자에 종성(鍾惺)은 온몸이 빠져들었다. 진계유(陳繼儒)는 화려한 말을 마음껏 지껄였지만 또한 송나라 초기 아홉 명의 시승(詩僧)들이 지은 작품의 아류일 뿐이다. 글방 훈장이나 떠돌이 식객이 지은 듯한 것은 《시경(詩經)·패풍(邶風)·북문(北門)》이 실로 그 선례가 되었다. 저 이른바 "정사가 어지러워지고, 백성이 유랑하며, 윗사람을 속이고 사특을 행하여 막을 수 없네"는 공자(孔子)가 그것을 기록하여 위(衛)가 적(狄)에게 멸망당한 원인을 보여주기 위한 것일 뿐이었다. 도연명(陶淵明)의 "굶주림이 닥쳐 나를 몰아가네"는 이러한 가운데로 잘못 떨어진 것이다. 두보(杜甫)는 깨닫지 못하고 그 여파를 부채질하였다. 이후로 주림으로 울부짖고 추위를 한탄하며 문전을 기웃거리며 불러주기를 구하는 사람들이 떠받들어서 상견할 때의 예물로 삼으니,

진앙(陳昻) · 송등춘(宋登春)에 이르러서는 그 더러움이 극에 달하였다. 시(詩)를 배우는 사람이 한번 이와 같은 여러 사람들의 폐습에 물들게 되면, 흰 명주에 더러움이 스며들면 결국에 다시는 하얗게 될 수 없는 것과 같으니, 또한 경계하지 않을 수 있겠는가?

門庭之外, 更有數種惡詩: 有似婦人者, 有似衲子者, 有似鄕塾師者, 有似游食客者。婦人、衲子, 非無小慧; 塾師、游客, 亦侈高談。但其識量不出鍼線、蔬筍、數米、量鹽、抽豐、告貸之中; 古今上下, 哀樂了不相關; 卽令揣度言之, 亦粵人咏雪, 但言白冷而已。然此數者, 亦有所自來, 以爲依據: 似婦人者, 倣《國風》而失其不淫之度。晉、宋以後, 柔曼移於壯夫; 近則王辰玉[205]、譚友夏中之。似衲子者, 其源自東晉來。鍾嶸謂陶令爲隱逸詩人之宗[206], 亦以其量不弘而氣不勝, 下此者可知已。自

205) 왕진옥(王辰玉) : 왕형(王衡, 1564~1607). 자(字)가 진옥(辰玉)이고, 태창(太倉)[지금의 장쑤(江蘇)에 속함] 사람이다. 명(明) 만력(萬曆) 29년(1601)에 진사가 되었고, 관직이 한림원편수(翰林院編修)에 이르렀다. 시에 뛰어났으며, 시집으로 《구산집(緱山集)》을 남겼다. 또 곡(曲)에도 뛰어나 5종의 잡극을 창작하였는데, 현재 4종이 전한다. 〈울륜포(鬱輪袍)〉,〈진괴뢰(眞傀儡)〉,〈장안가(長安街)〉,〈몰내하(沒奈何)〉가 그것이다.

206) "종영위(鍾嶸謂)" 구절 : 종영(鍾嶸)의 《시품(詩品)》 중품에 보인다.

是而賈島固其本色；陳無己[207]刻意冥搜，止墮齏鹽窠臼[208]；近則鍾伯敬通身陷入；陳仲醇[209]縱饒綺語，亦宋初九僧[210]

---

207) 진무기(陳無己) : 진사도(陳師道, 1053～1101)는 자(字)가 이상(履常) 또는 무기(無己), 자호(自號)는 후산거사(後山居士)이고, 팽성(彭城)[지금의 장쑤(江蘇) 쉬저우시(徐州市)] 사람이다. 송(宋) 원우(元祐) 초년에 소식(蘇軾)의 추천으로 서주교수(徐州教授)가 되었고, 나중에 태상박사(太常博士) · 비서성(秘書省)의 정자(正字)가 되었다. 가세가 빈곤하고, 정치적 실의를 겪어 그의 시에는 빈고와 실의를 읊조린 것이 많다. 강서시파(江西詩派)의 중요 시인 가운데 한 사람이다.

208) 제렴과구(齏鹽窠臼) : '제(齏)'는 파 · 부추 등의 채소를 간장이나 기타 조미료에 버무리는 것, '염(鹽)'은 소금에 절이는 것을 말한다. '제렴(齏鹽)'은 채소 요리 혹은 궁핍한 사람이 먹는 소식(素食)을 말한다. 여기서는 하찮고 보잘것없는 작품내용을 말한다. '과구(窠臼)'는 관례 · 상투 · 정형화된 패턴 · 기존의 격식 등을 나타낸다.

209) 진중순(陳仲醇) : 진계유(陳繼儒, ?～?). 자(字)가 중순(仲醇), 호(號)는 미공(眉公)으로 송강(松江) 화정(華亭)[지금의 상하이시(上海市)] 사람이다. 관직이 없는 신분이었지만 당시 고위관리들과 교분을 나누었다.

210) 구승(九僧) : 북송(北宋)의 9명의 시승을 말한다. 사마광(司马光)의 《속시화(续诗话)》에 따르면, '구승(九僧)'은 검남(剑南)의 희주(希昼) · 금화(金华)의 보섬(保暹) · 남월(南越)의 문조(文兆) · 천대(天台)의 행조(行肇) · 옥주(沃洲)의 간장(简长) · 청성(青城)의 유봉(惟凤) · 회남(淮南)의 혜숭(惠崇) · 강동(江东)의 우소(宇昭) · 아미(峨眉)의 부고(怀古)이다. 이들은 서곤체(西崑體)에 불만을 가지고, 당(唐) 나라의 가도(賈島) · 요합(姚合) 등과 서로 화창하고 상호 영향을 주며 일파를 형성하였다. 서곤체의 부화(浮華)하고 염려(艷麗)한 문풍을 반대하고,

之流亞耳。似塾師、游客者,《衛風 · 北門》211)實爲作俑212)。彼所謂 "政散民流, 誣上行私而不可止"213)者, 夫子錄之, 以著衛爲狄滅214)之因耳。陶公 "飢來驅我去"215), 誤墮其中。杜

청빈 · 은일의 격조를 추구하였다.

211) 《위풍(衛風) · 북문(北門)》: 이것은 《시경(詩經) · 패풍(邶風) · 북문(北門)》을 말한다. 〈북문(北門)〉은 《위풍(衛風)》이 아니라 《패풍(邶風)》에 속한다.

212) 작용(作俑) : 《맹자(孟子) · 양회왕(梁惠王) 상(上)》에 다음과 같이 보인다. "공자가 '처음으로 용(俑)을 만든 사람은 그 후손이 없어질 것이다'라고 하셨으니, 이것은 사람을 형상하여 순장에 사용하였기 때문이다(仲尼曰 : '始作俑者, 其無後乎!' 爲其象人而用之也)." '작용(作俑)'은 본래는 순장에 사용하기 위해서 나무로 사람의 형상을 제작하는 것을 말한다. 나중에는 처음으로 선례를 만드는 것을 '작용'이라고 하였다. 대부분 폄하하는 뜻으로 사용된다.

213) "정산민류(政散民流), 무상행사이불가지(誣上行私而不可止)" : 《예기(禮記) · 악기(樂記)》에 다음과 같이 보인다. "정(鄭) · 위(衛)의 음악은 난세의 음악으로 산만한 음에 근접해 있다. 상간(桑間) · 복상(濮上)의 음악은 망국의 음악으로 그 정사가 어지러워지고 그 백성이 유랑하며 윗사람을 속이고 사특을 행하여 막을 수 없는 것이다(鄭衛之音, 亂世之音也, 比於慢矣。桑間濮上之音, 亡國之音也, 其政散, 其民流, 誣上行私而不可止也)."

214) 위위적멸(衛爲狄滅) : 적(狄)이 위(衛)를 침입하여 멸망시킨 사적이 《좌전(左傳) · 민공(閔公) 2년》에 보인다.

215) "기래구아거(飢來驅我去)" : 도연명(陶淵明)의 〈걸식(乞食)〉의 시구.

陵不審, 鼓其餘波。嗣後啼飢號寒、望門求索之子, 奉爲羔雉[216], 至陳昻[217]、宋登春[218]而醜穢極矣。學詩者一染此數家之習, 白練受汚, 終不可復白, 尙戒之哉!

---

216) 고치(羔雉) : 고대에 경(卿) · 사(士)가 서로 만날 때의 예물이다. 《예기(禮記)》·《곡례(曲禮)》 하(下)에 다음과 같이 되어 있다. "무릇 만날 때의 예물은 천자(天子)는 울창주를 쓰고, 제후(諸侯)는 규(圭)를 쓰고, 경(卿)은 새끼 양을 쓰고, 대부(大夫)는 거위를 쓰고, 사(士)는 꿩을 쓰고, 서민은 오리를 쓴다(凡摯, 天子鬯, 諸侯圭, 卿羔, 大夫雁, 士雉, 庶人之摯匹)." 또한 《춘추곡량전(春秋穀梁傳)》·《장공(莊公)》 24년에는 다음과 같이 되어 있다. "남자(男子)가 부인(夫人)을 만날 때의 예물은 새끼 양, 기러기, 꿩, 새의 포이다(男子之贄, 羔雁雉腒)."

217) 진묘(陳昻, ?~?) : 자(字)가 이첨(爾瞻) 또는 운중(雲仲), 자호(自號)는 백운선생(白雲先生)이다. 보전(莆田)[지금의 푸젠(福健) 푸톈현(莆田縣)] 사람이다. 대략 명(明) 신종(神宗) 만력(萬曆) 전후로 생존했다. 보전은 왜구의 유린이 잦았기 때문에 사방을 떠돌았다. 다른 사람에게 시문을 지어주고, 점을 쳐주고, 짚신을 만들어 생계를 유지했다. 만년에 객지에서 곤궁하게 일생을 마쳤다. 《백운집(白雲集)》 7권이 있다.

218) 송등춘(宋登春, ?~?) : 자(字)가 응원(應元), 호(號)가 해옹(海翁)이다. 조군신하(趙郡新河)[지금의 허베이(河北) 신허현(新河縣)] 사람이다. 대략 명(明) 사종(思宗) 숭정(崇禎) 6년 전후로 생존했다. 그의 나이 20세 정도에 가족을 버리고 천하를 유람하였다. 중년에 처자식이 모두 죽어서 만년에 조카에게 의탁하였다. 강릉(江陵) 천아지(天鵝池)에 거처하여 스스로 아지생(鵝池生)으로 불렀다. 만년에 곤궁과 실의에 빠져서 전당강(錢塘江)에 몸을 던졌다. 《송포의집(宋布衣集)》 3권이 있다.

제47조
'악시(惡詩)'보다 더욱 천한 것은 고용 시인의 시

앞에서 열거한 여러 악시(惡詩)는 극도에 이른 것이다. 이것보다 더욱 비천한 것은 시용(詩傭)이다. 시용이란 관대하고 돈후한 문덕(文德)을 퇴락시키는 것으로, 상관이 부르고 찾는 데 응하는 것이니, 문전을 기웃거리며 막객(幕客)으로 불러주기를 바라다가 주인에게 고용되는 것이다. 저들은 모두 어쩔 수 없어서 그렇게 하였지만, 종신(宗臣)과 같은 일파는 그만둘 수 있었는데도 그만두지 않았으니, 한가하면 서적을 뒤적여서 시를 구하고, 급박하면 뱃속에 있는 것을 깡그리 쏟아내어 지으니, 미간을 찌푸리며 팔짱을 끼고서 스스로 고민하는 것은 무엇 때문인가? 그 법은 성씨(姓氏)와 관작(官爵)을 쓰고, 동리와 산천을 묘사하며, 빈천과 현달, (가문의) 경사와 애사가 각기 종류별로 따른다. 전고(典故)를 고치고 바꾸어보지만, 그 빈 껍질에만 다가가는 것이다. 천편일률적이고, 다른 사람을 대신하여 슬퍼하고 기뻐하는 것이다. (문장의) 첫머리에서 크게 외쳐대니, 결속할 때는 여운이 없다. 한 구는 기(起)로 한 구는 복(伏)으로 하고, 한 구는 허(虛)로 한 구는 실(實)로 하여 전체가 어떠한 결점도 없다고 스스로 허풍을 치지만, 조금도 생기가 없이 죽은 것인지를 알지 못한다. 풍아(風雅)가 전락하여 이러한 지경에 이르러서는 더러워짐이 더할 길 없다. 송(宋) 이전에는 일찍이 이렇게 시 쓰는 법이 없었다. 고병(高棅)이 앞에서 선례를 만들고, 종신(宗臣)이 이렇게 시 쓰는 법을 계승하였다.

무릇 고용인이 된 자는 이와 같은 방법을 익혀서 마치 맹인이 지팡이로 땅을 더듬으면서 길을 가는 것처럼 시를 쓰게 되니, 천하에 시를 말하는 사람이 넘쳐나게 된 것도 기이한 것이 아니었다. 이것은 풍아(風雅)의 정신을 계승하는 사람이 통곡할 만한 것이 되었다.

前所列諸惡詩, 極矣; 更有猥賤於此者, 則詩傭是也。詩傭者, 衰腐廣文[219], 應上官之徵索; 望門幕客, 受主人之僱託也。彼皆不得已而爲之。而宗子相[220]一流, 得已不已, 閒則繙書以求之, 迫則傾腹以出之, 攢眉叉手, 自苦何爲? 其法: 姓氏、官爵、邑里、

219) 광문(廣文) : 관대하고 돈후한 문덕(文德)을 말한다.

220) 종자상(宗子相) : 종신(宗臣, 1525~1560). 자(字)가 자상(子相)이고, 양주흥화(揚州興化)[지금의 장쑤(江蘇)에 속함] 사람이다. 명(明) 가정(嘉靖) 29년(1550)에 진사가 되었고, 형부주사(刑部主事)에 제수되었으며, 관직이 복건제학부사(福建提學副使)에 이르렀다. 후칠자(後七子) 가운데 한 사람이다. 《자상집(子相集)》 15권이 있다.

山川、寒暄、慶弔[221], 各以類從; 移易故實, 就其腔殼; 千篇一律, 代人悲歡; 迎頭便喝, 結煞無餘; 一起一伏, 一虛一實, 自詫全體無瑕, 不知透心全死。風雅下游, 至此而濁穢無加矣。宋以上未嘗有也。高延禮作俑於先, 宗子相承其衣鉢。凡爲傭者, 得此以擿埴[222]而行, 而天下之言詩者, 車載斗量[223]矣。此可爲風雅痛哭者也!

221) 한훤경조(寒暄慶弔) : '한훤(寒暄)'의 뜻은 춥고 따스함(寒暖), 또는 겨울과 여름(冬夏)을 나타내기도 하고, 춥고 따스함에 대해 문안하는 말로도 사용된다. 여기서는 빈천했을 때와 현달했을 때를 말한다. '경조(慶弔)'는 경사와 애사를 말한다.

222) 적식(擿埴) : '적식색도(擿埴索塗)' · '적식색도(擿埴索途)'로도 쓰인다. 맹인이 지팡이로 땅을 더듬거리면서 길을 가는 것을 말한다. 여기서는 시를 어떻게 쓰는지 모르면서 자신을 고용해 준 사람을 위해서, 성씨(姓氏)와 관작(官爵), 동리와 산천, 귀천의 상황 등을 종류별로 나열해서 시를 쓰는 것을 말한다.

223) 거재두량(車載斗量) : 수량이 많음을 형용한다.

석당영일서론외편(夕堂永日緖論外編)

제2조
이백(李白)과 두보(杜甫)가 대가(大家)가 된 것은 까닭이 있어

문예계의 품평에는 '대가(大家)'라는 조목이 있는데, (이것은) 시를 논한 사람이 이백(李白)·두보(杜甫)를 숭상한 것에서부터 비롯되었다. 이백(李白)·두보(杜甫)가 이와 같은 좋은 명성을 얻을 수 있는 것은 또한 진실로 까닭이 있다. (그러나) 제(齊)·양(梁) 이래로 스스로 작가라고 한 사람들은 모두 지름길이 있었고 계급이 있었다. (이들의 작품은) 작가의 뜻이 작품의 언어에 미치지 못했고, 작가의 기(氣)가 작품의 체제(體制)에 차지 못했으며, 사리(事理), 정지(情志)와는 완전히 관계가 없었다. 견본에 의지해서 서로 그대로 따르고 그 속에서 작품을 짜 맞추었다. (이것은) 마치 가게 터가 빽빽하게 늘어서 있고, 세 칸 다섯 가(架)인 집으로 문·지붕·부엌·뒷간이 겨우 몸만 들여놓을 수 있어, 모자(茅茨 : 띠와 가시나무)나 금벽(金碧 : 황금빛과 푸른빛)으로 지붕을 엮어도, 화려나 검소에서 차이는 약간 있지만 대체(大體)는 사실상 같다. (그러므로) 서투른 장인이나 가난한 사람이 모방하여 짓는 것과 서로 멀지 않으니 이를 소가(小家)라고 한다. (그러나) 이백(李白) · 두보(杜甫)는 안으로는 재정(才情)을 지극히 하고 밖으로는 물리(物理)를 두루 살펴 언어에는 반드시 작가의 뜻이 있고 작가의 뜻은 반드시 가슴에서 나왔다. 때로는 조탁(彫琢)하고 때로는 직솔(直率)하게 하고 때로는 미려(美麗)하게 하고 때로는 청담(淸淡)하게 하고 때로는 방종(放縱)하게 하고 때로는 수축(收縮)하게 하면서, (이러한 것들을) 겸비해서 달렸다. 오직 작가의 뜻이 가는 곳에 신기(神氣)가 따르니, 마치 미앙궁(未央宮) · 건장궁(建章宮)이 천 개의 문과 만 채의 집으로 정교하고 아름다우면서 확 트여 막힌 곳이 없는 것과 같다. 이러한 경지를 대가(大家)라고 한다. 그러나 경의(經義)를 논하는 사람은 왕오(王鏊)를 추존하여 대가(大家)의 종주로 여겼다. 왕오(王鏊)는 단지 (작품의) 안배를 적당하고 균형 있게만 할 수 있으니, 하나의 세 칸 다섯 가(架)인 관아 관청이 될 뿐이다. 그러나 가령 (이를) 의뢰하고 모방하면 서로 크게 멀어지지는 않는다. 그러나 대의(大義)와 미언(微言)은 모두 연구할 겨를이 없다. 이것은 바로 하나의 법식으로써 천하의 문인과 학자를 속박하는 것일 뿐이다. 비루한 유자(儒者)들은 그가 좇아서 갈 수 있는 담장이 있는 것을 좋아하고, 하나같이 '대가(大家)'로 여기고 그에게 돌아갔다. (그 결과) 300여 년이 마치 한 입에서 나온 것처럼 되었으니, 후인으로 하여금 한 세대 동안에 좋은 눈을 가진 사람이 없음을 비웃지 않게 할 수 있을까?

藝苑品題有"大家"之目, 自論詩者推崇李、杜始。李、杜允此令名者, 抑良有故。齊、梁以來, 自命爲作者, 皆有蹊徑, 有階級; 意不逮辭, 氣不充體, 於事理情志全無干涉, 依樣相仍, 就中而組織之, 如廛居櫛比, 三間五架224), 門廡廚廁, 僅取容身, 茅茨金碧, 華儉小異, 而大體實同, 拙匠寠人倣造, 卽不相遠: 此謂小家。李、杜則內極才情, 外周物理, 言必有意, 意必繇衷; 或雕或率, 或麗或淸, 或放或斂, 兼該馳騁, 唯意所適, 而神氣隨御以行, 如未央、建章225), 千門萬戶, 玲瓏軒豁226), 無所窒礙: 此謂大家。而論經義者以推王守溪227)爲大家之宗。守溪止能排當停勻228), 爲

---

224)삼간오가(三間五架) : '간(間)'은 방의 칸을, '가(架)'는 두 기둥의 사이를 헤아리는 단위. 두 기둥의 사이가 '일가(一架)'다.

225) 미앙(未央), 건장(建章) : 모두 한(漢)의 궁전 이름이다.

226) 영롱헌활(玲瓏軒豁) : '영롱(玲瓏)'은 정교하면서 아름다움을, '헌활(軒豁)'은 건물이 막힘없이 확 트인 것을 형용한다.

227) 왕수계(王守溪) : 왕오(王鏊). 자(字)가 제지(濟之), 호(號)는 수계(守溪)로 오(吳)[지금의 장쑤(江蘇) 쑤저우시(蘇州市)] 사람이다. 성화(成化) 11년에 회시(會試)에서 일등을 하였고, 벼슬이 호부상서(戶部尙書) · 문연각대학사(文淵閣大學士)에 이르렀다. 시호(謚號)는 문각(文恪)이다. 저작에《진택집(震澤集)》30권이 있고, 팔고문집으로《왕수계문고(王守溪文稿)》가 있다.

三間五架一衙官廨宇耳; 但令依倣, 卽得不甚相遠; 大義微言, 皆所不遑硏究: 此正束縛天下文人學者一徽纆而已。陋儒喜其有牆可循以走,翕然[229]以"大家"歸之, 三百餘年, 如出一口, 能不令後人笑一代無有眼人乎?

228) 배당정균(排當停勻) : '배당(排當)'은 안배가 적당함을, '정균(停勻)'은 균등, 균일함을 말한다.

229) 흡연(翕然) : 일치된 모습을 형용한다.

제6조
경의(經義)의 이상 작법

고리처럼 연결하고 돋보이게 하여 미언(微言)을 표현하는 것이 최고이다. 그 다음은 소통시키고 조리 있게 통달시켜 입언(立言)의 취지로 하여금 환히 드러나게 해서 배우는 사람으로 하여금 좇아서 들어가게 하는 바가 있게 하는 것이다. 그 다음으로는 은미한 뜻을 찾아서 사람들의 성정(性情)을 깨우치는 것, 혹은 고금의 작품을 널리 수집하여 검증을 거쳐서 이치를 확정하는 것이다. 세 가지 이외에 경의(經義)의 역할은 없는 것이다. 대요는 그 허(虛)를 실(實)하게 하여 은미를 드러내고, 그 실(實)을 허(虛)하게 하여 막히지 않게 하는 데 있다. 만약 허자(虛字) 등과 같은 군더더기 말로 실(實)에 돌아가게 하고, 허처(虛處)에서는 단지 쇠약한 기(氣)에 의거하여 잠시라도 흔들리게 하면 제목의 노예가 된다. 네 사람 가운데 또한 오직 구경순(瞿景淳)만이 이를 면하였다.

鉤略點綴[230]以達微言，上也。其次則 疏通條達[231]，使立言之旨曉然易見，俾學者有所從入。又其次則搜索幽隱，啓人思致，或旁輯古今，用徵定理。三者之外，無經義矣。大要在實其虛以發微，虛其實而不窒。若以塡砌[232]還實，而虛處止憑衰弱之氣姑爲搖曳，則題之奴隸也。四家中，亦唯昆湖免此。

---

230) 구략점철(鉤略點綴) : '구략(鉤略)'은 '구락(鉤絡)'의 오자인 듯하다. '구락(鉤絡)'은 '구결(鉤結)'과 같은 뜻으로 고리와 같이 연결해 가는 것을 말한다. '점철(點綴)'은 돋보이게 하거나 장식하여 원래의 사물을 더욱 아름답게 하는 것을 말한다.

231) 조달(條達) : 조리 있게 통달하는 것을 말함.

232) 진체(塡砌) : 전고(典故), 기존의 시구, 허자(虛字) 등을 사용하여 문장을 짓는 것을 말한다.

제7조
한 글자라도 생사와 관련된 것처럼 사용해야

[허자(虛字)를] 채우고 쌓는 것이 가장 비천하다. 농염한 말을 채우고 쌓는 것은 진실로 추악하지만, 허자(虛字)를 채우고 쌓는 것은 더욱 (뜻이) 생기가 없어져 가증스럽다. 문장을 짓는 데 있어서 다른 법은 없고, 오직 글자를 천박하게 사용해서는 안 된다. 양형(楊炯) · 노조린(盧照隣) · 낙빈왕(駱賓王)은 오직 넘치게 사용하였기 때문에 천박하다. 팔대가(八代家)를 배우는 사람은 '지(之)' · '이(而)' · '기(其)' · '이(以)'가 층층이 쌓이고 서로 중첩되니, 마치 풀과 띠를 베어서 구별하지도 않고 한 다발로 묶어놓은 것과 같고, 또 반쯤 죽은 지렁이가 질질 끌면서 가지만 견디지 못하는 것과 같으니 모두 천박하다. 고인은 글자를 다스려 문장을 짓는 데 있어서 성실을 세웠으니, 한 글자를 쓰는 것은 바로 생사(生死)와 관련되었다. 증공(曾鞏) · 장뢰(張耒)를 어떻게 본받을 수 있으리오?

塡砌最陋。塡砌濃詞固惡, 塡砌虛字愈闒珊可憎。作文無他法, 唯勿賤使字耳。王、楊、盧、駱, 唯濫故賤。學八大家者, "之"、"而"

、"其"、"以", 層累相疊, 如刈草茅, 無所擇而縛爲一束, 又如半死蚓, 沓拖[233]不耐, 皆賤也。古人修辭立誠, 下一字卽關生死。曾子固[234]、張文潛[235]何足效哉!

---

233) 답타(沓拖) : 질질 끄는 모양, 민첩하지 못한 모양을 나타냄.

234) 증자고(曾子固) : 증공(曾鞏, 1019~1083). 자(字)가 자고(子固), 건창 남풍(建昌南豐)[지금의 장시(江西) 난펑현(南豐縣)에 속함] 사람으로, 남풍선생(南豐先生)으로 불렸다. 북송(北宋)의 고문가로, 당송팔대가(唐宋八大家)의 한 사람이다. 현존하는 저작으로 《원풍류고(元豐類稿)》 50권이 있다. 《송사(宋史)》 권319에는 그의 전(傳)이 있다.

235) 장문잠(張文潛) : 장뢰(張耒, 1054~1114). 자(字)가 문잠(文潛), 호(號)는 가산(柯山)으로, 초주 회음(楚州淮陰)[지금의 장쑤(江蘇) 화이인시(淮陰市)] 사람으로, 완구선생(宛丘先生)으로 불렸다. 북송(北宋)의 문학가로 '소문사학사(蘇門四學士)' 가운데 한 사람이다. 저작으로 《가산집(柯山集)》 50권이 있다.

제9조
대우(對偶)는 뜻으로 주인을 삼아 영활(靈活)하게

대우어(對偶語) 문장이 시부(詩賦)에서 나왔으나, 서한(西漢) · 성당(盛唐)의 작가들은 모두 뜻으로 주인을 삼아 영활하고 막히지 않게 하였다. 오직 심약(沈約) · 허혼(許渾)과 같은 부류의 사람들은 대장(對仗)을 강구하여 공정(工整)하고 세련되게 하는 것에 자긍을 가졌으나, 뛰어난 작가들은 이를 달갑게 여기지 않았다. 송나라 사람은 또 옛날 시구를 모아서 대우(對偶)를 만들었으니, 요컨대 또한 저 법에 따라서 단지 형식만을 바꾼 것으로 그 저속함은 한결같았다. 하물며 경의(經義)는 성현(聖賢)의 뜻을 인신(引伸)하여 말을 세우는 것이니, 애초에 막객(幕客)의 사륙문(四六文)과는 비교가 되지 않는다. 구준(邱濬)은 내용이 풍부하고 형식은 우미함을 스스로 자랑하였는데, "피발좌임(被髮左衽 : 머리를 풀고 옷깃을 왼편으로 한다)", "약육강식(弱肉强食 : 약한 자의 고기는 강한 자가 먹는다)" 두 대우(對偶) 구로써 왕오(王鏊)를 추앙하였는데, 이것은 7세 동자가 시골 글방의 사숙에서 얻은 등급일 뿐이다. 하물며 한유(韓愈)의 문장으로 경서의 말을 대하니, 그의 마음속에는 단지 하나의 한유(韓愈)만을 알고 있어서, 공자(孔子)와 나란히 할 수 있다고 생각하였다. 비천한 가난뱅이 글방 선생이 좋고 나쁜 것을 구별하지 못하여, 이에 이러한 지경까지 이르렀구나!

對偶語出於詩賦, 然西漢、盛唐皆以意爲主, 靈活不滯。唯沈約、許渾一流人, 以取青妃白[236], 自矜整錬[237], 大手筆所不屑也。宋人則又集古句爲對偶, 要亦就彼法中改頭換面[238], 其陋一爾。況經義以引伸聖賢意立言, 初非幕客四六之比。邱仲深[239]自詫博雅[240], 而以 "被髮左衽"、"弱肉强食"[241]兩偶句

---

236) 취청비백(取青妃白) : '취청비백(取青媲白)'으로도 쓰이며, 청(青)으로 백(白)에 배합(配合)하는 것을 말한다. 그것을 시문에서 대장(對仗)을 강구하는 것에 비유한다.

237) 정련(整錬) : '정련(整練)'으로도 쓰인다. 공정(工整)하면서도 세련(洗練)됨을 말한다.

238) 개두환면(改頭換面) : 표면, 형식만을 바꾸고, 실질, 내용은 바꾸지 않음을 비유한다.

239) 구중심(邱仲深) : 구준(邱濬). 자(字)가 중심(仲深)으로, 경산(琼山)[지금의 하이난(海南) 충산현(琼山縣)] 사람이다. 명(明) 경태(景泰) 5년에 진사가 되었다. 관직이 예부상서(禮部尙書) · 문연각대학사(文淵閣大學士) 등에 이르렀다. 《경대류고(瓊臺類稿)》 52권, 시집 12권이 있다.

240) 박아(博雅) : 문장의 내용은 풍부하고, 문사(文辭)는 아름다움을 말한다.

推奬守溪，此七歲童子村塾散學[242]課耳。況以韓文對經語，其心目中止知有一韓退之，謂可與尼山[243]竝駕。陋措大[244]不知好惡，乃至於此!

241) "피발좌임(被髮左衽)"、"약육강식(弱肉强食)" : '피발좌임(被髮左衽)'은 《논어(論語)·헌문(憲問)》에 보이고, '약육강식(弱肉强食)'은 한유(韓愈)의 《송부도문창사서(送浮屠文暢師序)》에 나온다.

242) 촌숙산학(村塾散學) : '촌숙(村塾)'은 시골 글방, '산학(散學)'은 사숙(私塾)을 말한다.

243) 이산(尼山) : 이산(尼山), 이구(尼丘)는 모두 공자(孔子)를 지칭한다.

244) 조대(措大) : 빈한하고 실의한 독서인을 가리킨다.

제11조
한 편에는 하나의 뜻을 표현해야

한 편에 하나의 뜻을 실어야 하니 하나의 뜻이 되어야 하나의 기(氣)로부터 시작과 끝이 순조롭게 이루어지는데, 이것을 성장(成章)이라고 한다. 시부(詩賦) · 잡문(雜文) · 경의(經義)가 법도에 합치되는 것은 바로 이것이다. 이것으로 고금 사람들의 문장을 감별하면, 순일(純一)함과 결점이 저절로 드러난다. 교연(皎然)의 《시식(詩式)》이 나온 뒤로 시가 없어졌고, 《당송팔대가문초(唐宋八大家文鈔)》가 나온 뒤로 문장이 없어졌다. 이 법을 세운 사람은 초학자들을 잘 이끌었다고 스스로 말하지만, 초학자들을 가시밭 속으로 들게 했음을 알지 못하니, 그 까닭은 바로 이 점에 있다.

一篇載一意, 一意則自一氣, 首尾順成, 謂之成章; 詩賦、雜文、經義有合轍[245]者, 此也。以此鑒古今人文字, 醇疵自見。有皎然《詩式》而後無詩, 有《八大家文鈔》[246]而後無文。立此法者,

---

245) 합철(合轍) : 수레바퀴와 수레의 궤적이 서로 합치되는 것을 말함. 여기서는 일치되는 법도를 비유하는 말로 사용되었다.

自謂善誘童蒙; 不知引童蒙入荊棘, 正在於此。

---

246) 《팔대가문초(八大家文鈔)》 : 모곤(茅坤)이 편찬한 《당송팔대가문초(唐宋八大家文鈔)》를 말한다.

제12조
경의(經義)는 그 고유의 체제가 있어

사마천(司馬遷)과 반고(班固)의 문장은 역사 필체이고, 한유(韓愈)와 구양수(歐陽修)의 문장은 잡문(雜文)으로 모두 경의(經義)와는 서로 관계가 없다. 경의(經義)는 두 뜻을 곧추세워서 경문(經文)을 인신(引伸)하여 그 입언의 취지를 드러내는 것이니 어찌 역사를 기술하는 방법과 서기(序記)를 쓰는 방법이 섞여 들어갈 수 있으리오? 한 단락은 반드시 한 편과 서로 어울려야 하고, 한 구는 반드시 한 단락과 서로 적합해야 한다. 저 체제를 끊고 갈라서 이 체제 가운데 억지로 끼워 넣으면, 어찌 더 이상 체제를 이룰 수 있겠는가? 요컨대 문장에는 반드시 체제가 있다. 체제라는 것은 자신이 가지는 고유한 체제이다. 부인인데 수염이 나게 하고, 아이인데 어른의 손을 갖게 하여서 이를 아무 체제, 아무 체제라고 한다면 또한 거꾸로 된 것 아니겠는가?

司馬、班氏, 史筆也; 韓、歐序記, 雜文也: 皆與經義不相涉。經義竪兩義以引伸經文, 發其立言之旨, 豈容以史與序記法攙入?

一段必與一篇相稱, 一句必與一段相稱。截割彼體, 生入此中, 豈復成體? 要之, 文章必有體。體者, 自體也。婦人而髯, 童子而有巨人之指掌, 以此謂之某體某體, 不亦傎乎!

제14조
대가(大家)는 '사법(死法)'을 묵수(墨守)하지 않아

조비(曹丕)의 《전론(典論)·논문(論文)》·범엽(范曄)의 《후한서인어(後漢書引語)》·장융(張融)의 《자서(自序)》를 취하여 읽어보면, 고인이 문장을 쓸 때는 즐거운 마음으로 궁구하고 사려하였으며, 정밀하고 엄격함이 이와 같음을 알 수 있다. 그러나 "허(虛)가 일어나면 실(實)이 이어받고", "반(反)이 일어나면 정(正)은 내려가고", "앞에서 꿰어 올리면 뒤에서는 감치는" 사법(死法)에 의거하고, (법에 따라) 리듬을 맞추고 글자를 바꾸는 방법으로 문장을 지어 스스로 문장의 대가라고 기만한다면, 어찌 그것이 용이하겠는가?

試取曹子桓《典論·論文》、范蔚宗《後漢書引語》[247]、

---

247) 범울종(范蔚宗) : 범엽(范曄, 398～445). 자(字)가 울종(蔚宗)으로, 순양(順陽)[지금의 허난(河南) 시촨현(淅川縣)] 사람이다. 그의《후한서(後漢書)》는 후한(後漢)에 대한 여러 사람들의 역사서들을 산정(刪定)하여 저작으로 만든 것이다. 저작으로 문집(文集) 15권이 있고, 논문으로《옥중여제생질서(獄中與諸甥姪書)》가 있다. 대홍삼의《전주(箋

張思光[248]《自序》讀之, 古人作文字, 硏慮以悅心, 精嚴如此。而欲據一"虛起實承"、"反起正倒"、"前鉤後鎖" 之死法, 塡腔換字, 自詫宗工[249], 何其易也!

注)》에서는 "관본(官本)《후한서(後漢書)》에서는 전서(全書)를 부록으로 한 뒤에 '자서(自序)'라고 제목을 붙였다. 여기서 이른바 《후한서인어(後漢書引語)》는 마땅히 이를 가리킨다."라고 하였다.

248) 장사광(張思光) : 장융(張融, 444~497). 자(字)가 사광(思光)으로, 오현(吳縣)[지금의 장쑤(江蘇) 쑤저우시(蘇州市)] 사람이다. 장창(張暢)의 아들이다. 송(宋)나라 문제(文帝) 원가(元嘉) 21년에 태어나 제(齊)나라 명제(明帝) 건무(建武) 4년에 세상을 떠났다. 저작으로 《옥해집(玉海集)》 60권이 있다.

249) 종공(宗工) : 종장(宗匠), 종사(宗師)와 같다. 문장이나 학술의 중대한 성취를 이루어 많은 사람들에게서 존숭받는 사람을 가리킨다.

제23조
생동적인 글자를 죽은 글자로 대신할 수 없어

대자(代字)법이 있는데 시부(詩賦)에서 그것을 사용하니 예를 들면, 달을 '망서(望舒)'라고 하고 별을 '옥승(玉繩)' 이라고 한 것과 같은 것으로, 더러 이러한 방법으로 문장을 써서 색채를 드러내면 그 훌륭한 것은 정감을 내포하는 효과가 있지만, 한(漢)나라 시인 및 이백(李白)·두보(杜甫)·고적(高適)·잠삼(岑參) 등은 오히려 달갑게 여기지 않았다. 경물(景物)에 그것을 사용하면 이미 제이류(第二流)로 전락하는데, 하물며 글자가 본디 생동적인데도 죽은 구로써 그것을 대신할 수 있을까? 경(敬)과 같은 것은 경(敬)으로 더 이상 대신할 글자가 없으니, 공경하는 바와 공경하기 위한 바는 바로 자연히 가리키는 것에 따라 다르다. 대자(代字)를 사용하는 경우 '흠익(欽翼)'·'긍척(兢剔)으로 그것(敬)을 대신하거나 혹은 '태황(怠荒)'·'희투(戲渝)'로 그것(敬)을 반대로 하는데, (이럴 경우) 바로 '경(敬)' 자를 알지 못하고 어물어물 넘어가게 될 뿐이다. 신(信)을 '돈독(惇篤)'이라 한 것, 인(仁)을 '자상(慈祥)'이라 한 것, 학(學)을 '민구(敏求)'라고 한 것, 사(思)

를 '담정(覃精)'이라 한 것, 선(善)을 '순수(純粹)'라 한 것, 치(治)를 '경리(經理)라고 한 것 모두 대자(代字)이다. 선배 가운데 또한 이러한 병통을 가진 사람이 있는데, 오계자(吳季子)의 저작에서부터 온 것이다. 가슴이 있고 마음이 있는 사람은 응당 이러한 방식으로 문장을 쓰지 않는다.

有代字法, 詩賦用之, 如月曰"望舒", 星曰"玉繩"之類, 或以點染生色, 其佳者正爾含情, 然漢人及李、杜、高、岑猶不屑也。施之景物, 已落第二義, 況字本活而以死句代之乎? 如敬則是敬, 更無字可代, 而所敬與所以敬正自隨所指而異; 用代字者, 以"欽翼"、"兢剔"代之, 或以"怠荒"、"戲渝"反之, 直是不識"敬"字, 支吾抵塞[250]耳。信曰"惇篤", 仁曰"慈祥", 學曰"敏求", 思曰"覃精", 善曰"純粹", 治曰"經理", 皆代字也。先輩中亦有此病, 自吳季子小註[251]來。有胸有心者, 不應染指。

---

250) 지오저색(支吾抵塞) : 얼버무려 대충 넘기는 것을 말한다.

251) 오계자소주(吳季子小註) : 오계자(吳季子)는 자(字)가 절경(節卿), 호(號)는 유헌(裕軒)으로, 소무(邵武)[지금의 푸젠(福建) 사오우시(邵武市)] 사람이다. 송(宋)의 이종(理宗)[조윤(趙昀) 보우(寶祐)] 4년의 진사로, 관직이 국자감승(國子監丞)에 이르렀다. 저작에 《대학강의(大學講義)》가 있는데, 이것은 《대학(大學)》의 문장 뜻을 강론한 것이다. 여기에서의 '소주(小註)'는 바로 이를 말한다.

제25조
고인의 문장은 자신의 마음으로 읽고 그 정수를 얻어야

속루(俗陋)를 제거하려면 반드시 옛사람들의 문장을 많이 읽어야 하니, (그 속에서) 목욕을 하면서 자신의 문장을 윤택하게 해야 한다. 그러나 옛사람의 문장을 읽는 것은 자신의 마음을 가지고 옛날 문장에 들어가서 그 정수를 얻어야 한다. 만약 옛날 문장을 자신의 마음속에 채워 넣고 나서 토해내기를 조급하게 한다면, 이른바 길에서 듣고서 길에서 말하는 것일 뿐이다.

欲除俗陋, 必多讀古人文字, 以沐浴而膏潤之。然讀古人文字, 以心入古文中, 則得其精髓; 若以古文塡入心中, 而亟求吐出, 則所謂道聽而塗說者耳。

제32조
뜻을 충분하게 표현하기 위해서라면 어려운 글자라도 피하지는 않아

이 글자가 아니고서는 이 의미를 극진하게 표현하기가 부족하다면, 그 어려운 글자라도 피하지 않고, 이 글자를 사용하여 이 뜻을 매우 극진하게 표현할 수 있다면, 그 익숙한 글자라도 싫어하지 않는다. 언어가 반드시 곡진하며 막힘없이 펼쳐진다면, 길게 말하여도 남음이 있는 것이 아니다. 의미가 간략하게 전달될 수 있다면, 번다함을 제거하고 간결을 따라도 부족한 것이 아니다. (이것은) 혜세신(嵇世臣)·탕현조(湯顯祖) 등의 여러 노련한 작가들이 독보적 경지를 이룬 바이다. 어려운 글자를 피하고 익숙한 글자를 사용했으나 의미가 제대로 표현되지 않으면, 마치 썩은 나무를 두드리는 것과 같다. 익숙한 글자를 싫어하고 어려운 글자를 사용하면 언어가 가시가 되니, 마치 새 울음소리를 흉내 내는 것과 같다. 의미가 여기에서 그쳤으나 부박(浮薄)으로 소식(蘇軾)·증공(曾鞏)을 모방하는 것은 허리 잘린 뱀과 같다. 뜻이 미진한데 촉박(促迫)으로 세속(世俗)의 논조를 모방하는 것은 목 짧은 개구리와 같다. 문파를 세우는 것이야말로 악마의 길로 나아가는 것이니, 네 가지의 병통을 면할 수 있겠는가?

非此字不足以盡此意, 則不避其險; 用此字已足盡此義, 則不厭其熟。言必曲暢而伸, 則長言而非有餘; 意可約略而傳, 則芟繁從簡而非不足。嵇川南, 湯義仍諸老所爲獨絶[252]也。避險用熟, 而意不宣, 如扣朽木; 厭熟用險, 而語成棘, 如學鳥吟; 意止此而以虛浮學蘇、曾, 是折腰之蛇; 義未盡而以迫促仿時調, 如短項之蛙。纔立門庭, 卽趨魔道, 四者之病, 其能免乎?

---

252) 독절(獨絶) : 유일무이(唯一無二), 다른 것 혹은 다른 사람과 비교할 수 없음을 말한다.

제33조

글을 짓는 사람은 말을 반드시 신중하게 가리고 골라서 써야

뜻을 가진 말은 비록 무겁더라도 또한 가벼우니 말이 모두 뜻이기 때문이다. 뜻이 없는데 말을 덧붙이는 것은 단지 수식일 뿐이니, 이는 마치 절룩거리는 당나귀가 무거운 짐을 지니 네 다리가 휘청거려서 더 이상 나아갈 수 있는 힘이 없는 것과 같다. 때문에 글을 짓는 사람은 반드시 (말을)신중하게 가리고 골라서 써야 하니, 세속의 유행에 따라서 가볍게 붓에 먹을 묻혀서는 안 된다. 고헌성(顧憲成) 선생은 초일(超逸)하며 뛰어난 재주를 가지고 어디로 보나 합당하고 법도가 있게 하니, 붓이 손을 따라 움직이면 법도에 합치되고, 뜻이 이르면 말이 따르게 되어 더 이상 말을 가리고 고르는 데 힘쓰지 않았으니, 독서하여 (문장의) 이치를 파악한 사람이 아니면, 그의 나루를 건넜다고 인정할 수 없다.

有意之詞, 雖重亦輕, 詞皆意也。無意而着詞, 纔有點染, 卽如蹇驢負重, 四蹄周章, 無復有能行之勢。故作者必須愼重揀擇, 勿以俗尙而輕泚筆。至若涇陽先生，以龍躍虎踞[253]之才，左宜右有[254]，隨手合轍，意至而詞隨，更不勞其揀擇，非讀書見道者，未許涉其津涘。

253) 용약호거(龍躍虎踞) : 뛰어나며 빼어남을 말한다.

254) 좌의우유(左宜右有) : 《시경(詩經) · 소아(小雅) · 상상자화(裳裳者華)》에 다음과 같이 나온다. "좌측에는 좌상이 있는데, 군자는 그를 직무에 안정되게 하고, 우측에는 우상이 있는데, 군자는 재능을 취하네(左之左之、君子宜之。右之右之、君子有之)", 나중에는 '좌의우유(左宜右有)'로 재덕이 겸비되어 적당하지 않은 데가 없고, 가지지 않은 것이 없음을 형용하였다.

제34조
고금 서적을 섭렵하여 속루(俗陋)를 제거하고, 심령이 발동하여 예술미를 추구해야

고금의 사부(四部) 서적에 널리 정통하지 않으면, 비록 사치(思致)가 있다고 하더라도 세속의 유약함이나 익숙한 격식에 빠져서 단지 하찮은 관리에게나 팔리기를 바랄 수 있을 뿐이니, (세속의) 흙탕물을 끌어다가 섭취하여 글을 짓는 것을 견딜 수 없다. 이에 (고금의 사부 서적을) 섭렵하면 생각이 붓을 따라 용솟음쳐 나오지만, 심령이 발동하지 않은 상태에서 단지 강건만을 자랑하거나, 혹은 곡절(曲折)만을 힘쓰거나, 아름다움만을 과시하면, 이치에 들어가도 진실하지 않다. 또한 연결하여 합치는 곳에서 옛날 음조와 지금 가락 두 개가 서로 결합되어도 자연스럽게 서로 융합되지 못하니, 설령 합쳐 놓았다고 하더라도 반드시 결점이 많은 문장이 된다. 조남성(趙南星)·탕현조(湯顯祖)·나만조(羅萬藻)가 어찌 온 필치에 옛 것만을 모방했으리오? 당시 세속의 유약한 격식을 남김없이 제거하였으니 그들의 독서의 용의는 남달랐기 때문이다.

不博極古今四部[255]書, 則雖有思致, 爲俗軟活套[256]所淹殺, 止可求售於俗吏, 而牽帶泥水, 不堪挹取。乃一行涉獵, 便隨筆涌出, 心靈不發, 但矜遒勁, 或務曲折, 或誇饒美, 不但入理不眞, 且接縫處古調今腔, 兩相黏合, 自爾不相浹洽, 縱令摶成, 必多敗筆。趙儕鶴、湯義仍、羅文止何嘗一筆倣古? 而時俗軟套, 脫盡無餘, 其讀書用意處別也。

---

255) 사부(四部) : 고대 중국의 도서분류법. '경(經)' · '사(史)' · '자(子)' · '집(集)'으로 분류하는 것을 말한다.

256) 속련활투(俗軟活套) : '속련(俗軟)'은 세속의 연약, '활투(活套)'는 익숙하게 사용되는 격식, 또는 '속어(俗語)', '상담(常談)'을 말한다.

제36조
이지(李贄)는 말재주로 천하를 현혹

이지(李贄)가 말재주 좋은 혀로 천하를 현혹한 후부터, 원굉도(袁宏道)·초횡(焦竑)이 그를 생각 없이 추대하니, 이에 붓을 제멋대로 휘두르고는 지워 없애는 방식으로 문장을 쓰고서, 정미(精微)한 뜻을 함축하여 표현하고, 고상하고 탁월(卓越)한 문사(文辭)를 단련한 문장을 책망하여 "생강을 씹고 식초를 마시는 것이다"라고 하였다. 때문에 만력(萬曆) 임진(壬辰)년 이후로 문장의 비속과 천루가 (지금보다 심한 경우가) 일찍이 없었다. 만약 반드시 사유(思維)를 거치지 않은 것이라야 자연스런 문장이 될 수 있다면, 공자가 말한 바, 초창(草創)·토론(討論)·수식(修飾)·윤색(潤色)은 쓸데없는 고려이니, 또한 "생강을 씹고 식초를 마신다"는 것일까? 예를 들어 도망령(陶望齡)의 문집을 읽어보면, 그의 서(序)·기(記)·서(書)·명(銘)은 허자(虛字)를 사용한 것이 마치 거미줄에 나비가 걸려 있는 것처럼 하였고, 실자(實字)를 사용한 것이 나막신 굽에 진흙이 붙어 있는 것처럼 하였으며, 고금의 아속(雅俗)을 합쳐서 겹겹이 쌓아 문장을 만드니, 한 글자라도 마음속으로부터 나온 것이 없었다. 이것은 진실로 장자(莊子)가 이른바 "말하는 것이 마치 알랑거리는 것과 같다"는 것이니, 두서너 줄 못 가서 사람으로 하여금 머리가 무거워지게 한다. 대개 당시에 숭상하는 바가 이와 같으니, 천계(天啓)와 숭정(崇禎) 간에야 비로소 이런 풍조를 씻게 되었다. 애남영(艾南英)은 또한 '망망창창(莽莽蒼蒼)'으로 문장을 논하였는데, ['창(蒼)' 자는 성조를 잘못 읽으면 '창(倉)'이 된다] '망망창창(莽莽蒼蒼)'이 바로 세속에서 이르는 '망당(莽撞)'이고, 맹자(孟子)가 말한 '모색(茅塞)'임을 알지 못했다.

自李贄[257]以佞舌惑天下, 袁中郎[258]、焦弱候不揣而推戴之, 於

---

257) 이지(李贄, 1567년 전후로 생존) : 자(字)가 굉보(宏甫) · 탁오(卓吾)이며, 호(號)는 온릉거사(溫陵居士)로서 진강(晉江)[지금의 푸젠(福建)에 속함] 사람이다. 가정(嘉靖) 31년(1552)에 진사가 되었다. 관직이 요안지부(姚安知府)에 이르렀으나, 얼마 되지 않아 그만두고 떠났다. 그는 도학(道學)을 배격하고, 봉건 정통사상을 강력하게 반대하였기 때문에 박해를 받았다. 결국 '혹세무민'했다는 죄명으로 체포되어 감옥에서 스스로 목숨을 끊었다. 저작에 《분서(焚書)》 6권 · 《속분서(續焚書)》 5권 · 《장서(藏書)》 68권 · 《속장서(續藏書)》 27권 · 《이씨문집(李氏文集)》 18권 등이 있다. 그는 또한 《수호전(水滸傳)》 · 《삼국연의(三國演義)》 · 《서상기(西廂記)》 · 《비파기(琵琶記)》 · 《유규기(幽閨記)》 등에 대해서 평점을 하였다. 이지(李贄)의 중심 사상은 개성 해방

是以信筆掃抹爲文字, 而誚含吐精微、鍛鍊高卓者爲"皾薑呷醋"。故萬曆壬辰以後, 文之俗陋, 亘古未有。如必不經思維者而後爲自然之文, 則夫子所云草創、討論、修飾、潤色[259], 費爾許斟酌, 亦"皾薑呷醋"邪? 比閱陶石簣[260]文集, 其序、記、書、銘,

---

을 추구하고, 봉건제도의 속박을 깨뜨리고자 하는 데 있었다. 이러한 점은 긍정적이고 진보적인 측면을 가진다. 그러나 그의 사상에는 또한 극단적인 면이 있었다. 때문에 왕부지(王夫之) · 고염무(顧炎武) · 황종희(黃宗羲) 및 방이지(方以智) · 담천(談遷) 등은 이지(李贄)에 대해 불만을 가지고 공격하였다.

258) 원중랑(袁中郎) : 원굉도(袁宏道, 1601년 전후로 생존). 자(字)는 중랑(中郎), 호(號)는 석공(石公), 호광(湖廣) 공안(公安)[지금의 후베이(湖北) 궁안현(公安縣)] 사람이다. 대략 명(明) 신종(神宗) 만력(萬曆) 30년 전후로 생존했다. 만력(萬曆) 20년에 진사가 되었고, 오현(吳縣)의 지현(知縣)에 선발되어 관직을 받았다. 벼슬이 계훈낭중(稽勳郎中)에 이르렀다. 형 종도(宗道)와 아우 중도(中道)와 더불어 문명(文名)이 있어서, 당시에 '삼원(三袁)'으로 불렸다. 시문에 있어서 성령(性靈)을 주장하였고, 모의(模擬)와 인습(因襲)의 폐단을 반대하였다. 세칭 공안파(公安派)라고 하였다. 《원중랑집(袁中郎集)》 40권이 있다.

259) "부자소운초창(夫子所云草創), 토론(討論), 수식(修飾), 윤색(潤色)" : 이것은 《논어(論語) · 헌문(憲問)》에 다음과 같이 보인다.
"공자가 말하였다. '(정나라에서) 외교문서를 만들 때에 비심(裨諶)이 초고를 만들고, 세숙(世叔)이 토론하고, 행인(行人)인 자우(子羽)가 수식하고, 동리(東里)의 자산(子產)이 윤색을 하였다(子曰: "爲命: 裨諶草創之, 世叔討論之, 行人子羽脩飾之, 東里子產潤色之")."'

260) 도석궤(陶石簣) : 도망령(陶望齡). 자(字)가 주망(周望), 호(號)는

用虛字如蛛絲罥蝶, 用實字如屐齒黏泥, 合古今雅俗, 堆砌成篇, 無一字從心坎[261]中過, 眞莊子所謂"出言如哇"者, 不數行卽令人頭重。蓋當時所尙如此, 啓、禎[262]間始洗滌之。而艾千子[263]猶以"莽莽蒼蒼"論文,("蒼"字聲, 誤讀爲"倉"。) 不知"莽莽蒼蒼"[264]者, 卽俗所謂"莽撞"[265], 孟子所云"茅塞"[266]也。

석궤(石簣), 회계(會稽)[지금의 저장(浙江) 사오싱시(紹興市)] 사람이다. 만력(萬曆) 17년에 진사가 되었고, 관직이 국자감제주(國子監祭酒)에 이르렀다. 시호(諡號)는 문간(文簡)이다. 저작으로 《수천각집(水天閣集)》 4권,《헐암집(歇菴集)》 16권이 있다.

261) 심감(心坎) : 심중(心中).

262) 계(啓), 정(禎) : 계(啓)는 천계(天啓)로, 명(明)의 희종(熹宗)인 주유교(朱由校)의 연호이다. 정(禎)은 숭정(崇禎)으로, 명(明)의 사종(思宗)인 주유검(朱由檢)의 연호이다.

263) 애천자(艾千子) : 애남영(艾南英, 1583∽1646). 자(字)가 천자(千子)이고 동향(東鄉)[지금의 장시(江西) 둥샹현(東鄉縣)] 사람이다. 그는 팔고문(八股文)의 능수로, 같은 지역의 진제태(陳際泰) · 나만조(羅萬藻) · 장세순(章世純)과 더불어 '시문(時文)'을 흥기시키는 것을 임무로 삼았는데, 세인들이 그들을 '나장진애(羅章陳艾)'라고 하였다. 천계(天啓) 4년(1624)에 향시(鄕試)에서 대책(對策)에 위충현(魏忠賢)을 기롱하는 말을 하여 처벌을 받았다.《천용자집(天傭子集)》 10권이 있다.

264) 망망창창(莽莽蒼蒼) : 언어 · 행동이 경솔하고 무모함.

265) 망당(莽撞) : 언어 · 행동이 경솔하고 무모함.

266) 모색(茅塞) : 띠가 우거져 길을 막듯이 욕심으로 마음이 가려짐.

제37조
문장은 본래 청정한 선업(善業)

옛사람들은 서법이 안진경(顔眞卿)에 이르러 무너지게 되었다고 하였는데, 그것은 힘을 주는 것이 너무 급하고, 진(晉)나라 사람의 풍도(風度)를 상실했기 때문이다. 문장은 본래 청정한 선업(善業)이기 때문에 "인자(仁者)의 말은 부드럽다"고 하였으니 학술, 풍속(의 우열)이 모두 이에서 판별된다. 힘을 주는 것이 급한 것은 심기가 거친 상태에서 일단 발동하면 막을 수 없고 그 상태에서 붓을 대면 반드시 무거우니, 이것은 모두 떠들썩하고 왁자지껄하며 어지러움을 다투는 징표가 된다. 세속에서 구양수(歐陽修)와 소순(蘇洵)을 대가(大家)라고 하지만 구양수와 소순의 작품을 취하여 함께 보면, 그 고요함과 시끄러움, 고아함과 저속, 정정(貞正)함과 음란(淫亂)을 환하게 알 수 있다. 마음이 거칠고 붓이 무거운 것은 결국 종횡가(縱橫家) · 명가(名家) 법가(法家) 두 가의 언어를 종주로 삼아서이니, (이런 문장이 쓰이면) 마음이 파괴되고 세상의 교화가 쇠퇴한다. 소순(蘇洵)이 그 분명한 증험이다. 천계(天啓)와 숭정(崇禎) 연간에 여러 선생들이 만력(萬

曆)의 저속하고 음미(淫靡)한 습속을 만회해 보려고 하였으나, 조급을 다투는 마음이 앞서게 되어 붓을 대는 것이 모두 망치로 두드리는 것과 같았으니, 묘사하는 것은 더욱 극단적이고 이치를 얻는 것은 더욱 천박하였다. 비록 재주가 뛰어난 사람이 있었다 하더라도 시정하는 임무를 감당할 수 없었다. 그중에서 오직 심거의(沈去疑) · 두도견(杜道堅)이 초연한 운치를 가졌으나 순일하지는 않았다. 기타 사람들은 논할 것도 없다. 성현을 대신하여 지극한 이치를 펼치는데, 얼굴을 붉히고 주먹을 휘두르면 어찌 될 수 있으리오? 원(元)의 시인 관운석(貫雲石) · 살천석(薩天錫) · 풍자진(馮子振)이 송시의 쇠락을 바로잡고자 하였으나 노린내가 끼어들었다. 천계(天啓)와 숭정(崇禎) 연간의 시문도 이와 유사한 점이 많으니, 생각하건대 또한 하늘이 실지로 그렇게 한 것인가?

昔人謂書法至顔魯公[267]而壞, 以其著力太急, 失晉人風度也。文章本靜業[268], 故曰 "仁者之言藹如也", 學術風俗皆於

267) 안노공(顔魯公) : 안진경(顔眞卿, 709~784). 당(唐)나라 때 서법가다. 자(字)는 청신(淸臣)으로, 경조만년(京兆萬年)[지금의 산시(陝西) 시안(西安)] 사람이다. 이부상서(吏部尙書)를 역임하였고, '노국공(魯國公)'으로 봉해져서, '안노공(顔魯公)으로 불렸다.

此判別。着力急者心氣粗, 則一發不禁, 其落筆必重, 皆囂陵競亂之徵也。俗稱歐、蘇等爲"大家", 試取歐陽公與蘇明允竝觀, 其靜躁、雅俗、貞淫, 昭然可見。心粗筆重, 則必以縱橫、名法兩家之言爲宗主, 而心術壞, 世教陵夷矣。明允其明驗也。啓、禎諸公欲挽萬曆俗靡之習, 而競躁之心勝, 其落筆皆如椎擊, 刻畫愈極, 得理愈淺; 雖有才人, 無可勝澄淸之任。就中唯沈去疑269)、杜南谷270)爲有超然之致, 猶未醇也, 其他勿論已。代聖賢以引伸至理, 而頳面張拳, 奚足哉? 胡元詩人如貫雲石271)、薩天錫272)、馮子振273), 欲矯宋詩之衰, 而獷氣

---

268) 정업(靜業) : 불교 용어로, 청정(淸淨)한 선업(善業)을 말한다.

269) 심거의(沈去疑) : 미상

270) 두남곡(杜南谷) : 두도견(杜道堅, 1237~1318). 자(字)가 처일(處逸), 호(号)는 남곡자(南谷子)로, 송(宋) 말기 원(元) 초기의 유명한 도사(道士)이다. 당도(當涂)[지금의 안후이(安徽)에 속함] 사람이다.

271) 관운석(貫雲石) : 본명이 소운석해애(小雲潟海涯), 자호(自號)가 산재(酸齋)다. 위구르 사람이다. 원(元) 인종(仁宗) 시기에 한림시독학사(翰林侍讀學士) · 지제고(知制誥)의 관직을 역임하였다. 나중에 관직을 버리고 돌아가 은거하면서 시문에 전념하였다. 산곡(散曲)으로 이름이 났다.

272) 살천석(薩天錫) : 살도자(薩都刺). 자(字)가 천석(天錫), 호(號)는 직재(直齋)이다. 몽골 사람이다. 원(元) 태정(泰定) 시기에 진사가 되었는데, 나이가 이미 50이 넘었다. 지원(至元) 원년(1335)에 복건숙정렴방사지사(福建肅政廉訪司知事), 지원(至元) 3년에 연남숙정렴방사경력(燕南肅政廉訪司經歷)을 지냈다. 지원(至元) 5년에 회서강북도숙정렴방사경력(淮西江北道肅政廉訪司經歷)을 지냈다. 이후로는 관직을 버리

乘之; 啓、禎文多類此, 意者亦天實爲之邪?

고 돌아가 은거하였다. 세상을 떠난 해는 알려져 있지 않다.

273) 풍자진(馮子振, 1257~1348) : 자(字)가 해속(海粟)으로, 스스로 괴괴도인(怪怪道人), 영주객(瀛州客)으로 불렀다. 상향(湘鄕)[지금의 후난성(湖南省)에 속함] 사람이다. 일설에는 유주(攸州)[지금의 후난성 요우현(攸縣)] 사람이라고 하였다. 벼슬이 승사랑(承事郎), 집현대제(集賢待制)에 이르렀다. 문사(文思)가 민첩하여 붓을 대면 단번에 만언(萬言)을 지어 문장으로 천하에 이름이 뛰어났다. 《거용부(居庸賦)》를 지었는데, 수미(首尾)가 오천언(五千言)이다. 일찍이 원(元)의 중봉선사(中峰禪師)와 화창하였다. 《매화백영(梅花百詠)》 1권이 있다. 지금 산곡(散曲) 소령(小令) 44수가 전하는데 그 가운데 42수가 모두 〈앵무곡(鸚鵡曲)〉이다. 저작으로 《해속집(海粟集)》이 있다.

제44조
글도 반드시 충직하고 신실한 행위를 바탕으로 해서 나와야

나필(羅泌)은 자학(字學)에 대해 논하여, "가슴속에 수천 권의 책이 없고, 일상생활에서 충직하고 신실한 행위가 없다면, 비록 (필법이) 힘차고 절묘하며 팔법을 갖추어 운용하더라도, 옥이 구르고 금이 드리우며, 유창(流暢)하고 아름다우며, 청준(淸俊)하고 초일(超逸)한 경지에는 도저히 이르지 못한다"고 하였다. 일찍이 나는 이 말을 가슴에 새기며, 문장을 논하는 데 이보다 더 좋은 것이 없다고 여겼다. 그러나 모곤(茅坤)은 "내가 문장을 지을 때는 지붕의 기와가 모두 움직이고 흔들렸다"고 하였다. 말을 이처럼 흉악하고 두렵게 하니, 소송을 꼬드기는 사람이 남을 대신해서 고소장을 작성해 줄 때는 마땅히 이처럼 붓을 대야 한다.

羅長源[274]論字學云: "胸中無數千卷書, 日用無忠信之行, 則雖

274) 나장원(羅長源) : 송(宋)의 나필(羅泌). 자(字)는 장원(長源). 여릉

蠆尾銀鉤[275], 八法備擧, 求其落玉垂金, 流奕淸擧者, 乃至一點亦不可得。" 嘗服膺此言, 以爲論文之善, 莫過於是。而茅鹿門云: "吾作文時, 屋瓦皆爲動搖。"說得恁轟轟可畏, 想訟魁代人作訴牒時, 當如此下筆。

(廬陵)[지금의 장시(江西) 지안시(吉安市)] 사람이다. 저작에 《노사(路史)》 47권이 있다. "유혁청거(流奕淸擧)"는 진대(晋代)의 서법가 왕수(王脩)가 예서(隸書), 행서(行書)를 잘한 것을 칭찬한 것이다. 《진서(晋书) · 열전(列传) · 외척(外戚)》에 다음과 같은 말이 있다. "왕수는 자(字)가 경인(敬仁)이고, 어렸을 때의 자는 구자(苟子)이다. 총명하고 빼어나서 좋은 평판이 있었고, 예서를 잘하였는데 유창(流暢)하고 아름다우며 청준(淸俊)하고 초일(超逸)하다고 하였다. 나이 12세에 《현전론(賢全論)》을 지었다(修字敬仁, 小字苟子。明秀有美稱, 善隸書, 號曰流奕淸擧。年十二, 作《賢全論》)."

275) 채미은구(蠆尾銀鉤) : '채미(蠆尾)'는 필법이 힘차고 날카로움을 말하고, '은구(銀鉤)'는 특히 초서에서 잘 쓴 필적을 말한다.

제54조

천직(天職)을 끝맺지 못했는데, 하늘이 무너지고 문장이 끊어지니 목이 메어

한 시대의 문인으로 불우한 사람이 많았으니, (지금의) 학교 교육 아래에서는 자연히 응당 위인과 걸작이 나와서 고금을 흘겨보아야 한다. 그러나 가정(嘉靖) · 건륭(乾隆) 이전에는 전할 만한 것이 하나도 없었다. 후에 서위(徐渭) · 누중용(漏仲容) · 장자연(張子延)의 몇 작품이 세상에 유행하였지만, 또한 매우 월등한 점은 없었다. 천계(天啓) 이후로는 선비들의 글짓기 모임에서 나온 문장들이 넘쳐났으나, 결국 지름길을 찾는 데에서 벗어나지 못하였다. 전희(錢禧) · 고몽린(顧夢麟)과 같은 무리들은 당시의 추세를 고쳐보려고 하였으나 재능은 변변치 못하였고 취지는 자연히 저속하였다. 기억하건대, 옛날에 황강(黃岡)의 웅천(熊霦) · 이운전(李雲田)과 더불어 일종의 문장을 지었다. 당시 (세속의) 익숙한 언어를 사용하는 잘못을 저지르지 않았고 더 이상 억지로 고인의 자구로 빠져들지 않았다. (고인의 문장에서) 정수를 취하고 진액을 정제하여 고요한 빛으로 미언(微言)을 표현하였다. 내가 업으로 삼은 것을 아직 끝맺지 못했는데, 하늘이 무너지고 문장이 끊어지고, 생사를 함께한 친구들과 오랫동안 헤어지게 되니, 생각이 이에 미쳐 그만 목이 멘다.

爲一代文人而不遇者多矣, 則膠庠[276]之下, 自應有偉人傑作, 睥睨今古。乃嘉、隆以前無一傳者。後乃有徐文長(渭)、漏仲容(坦之)、張子延(大復)[277]數首行世, 亦無甚超絶處。天啓後, 社稿[278]充斥, 終不脫揣摩蹊徑。若錢吉士、[279]顧麐士輩, 欲矯時趨, 而本領旣薄, 指趣自卑。因憶昔與黃岡 熊渭公霥、李雲田(以默)[280]作一種文字, 不犯一時下圓熟語, 復不生入古人字句, 取

276) 교상(膠庠) : 주(周)대의 학교 이름이다. 주(周)대에는 교(膠)가 대학(大學)이고, 상(庠)이 소학(小學)이 되었다. 후세에는 학교를 통칭하여 교상(膠庠)이라고 하였다.

277) 누중용(漏仲容), 장자연(張子延) : 두 사람에 대해서는 자세하지 않다.

278) 사고(社稿) : 생원(生員)들이 모임을 갖고 문장을 짓는 것을 말한다.

279) 전길사(錢吉士) : 전희(錢禧). 자(字)가 길사(吉士)이고, 오현(吳縣)[지금의 장쑤(江蘇)에 속함] 사람이다. 복사(復社) 사원(社員)이다.

280) 이운전(李雲田) : 자(字)가 운전(雲田), 별호(別號)는 노탕자(老蕩子)로 한양(漢陽)[지금의 우한시(武漢市)] 사람이다. 숭정(崇禎) 시기의 공생(貢生)이다. 박학다식하고, 독서를 좋아하였으며, 과거(科擧)에 연연하지 않았고, 시(詩)로 세상에 이름을 내었다.《채근당집(菜根堂集)》·《취백당집(醉白堂集)》이 있다.

精煉液，以靜光達微言。所業未竟，而天傾文喪，生死契闊,[281] 念及祇爲哽塞。

281) 생사계활(生死契闊) : 이것은《시경(詩經) · 패풍(邶風) · 격고(擊鼓)》"생사계활 여자성설(生死契闊 與子成說)"의 시구이다. '계활(契闊)'에는 고생하다, 소원하다, 오랫동안 이별하다, 헤어지고 만나다 등의 뜻이 있다.

남창만기(南窗漫記)

제1조
나의 부친에 대한 감회

나의 부친께서는 오학부(伍學父) 정상(定相) 선생에게 수학하셨다. 선생의 시문은 호남성(湖南省) 일대의 영수(領袖)였다. 부친은 숙부 왕정빙(王廷聘)과 서로 왕래하고 교제하면서 때때로 서로 시를 주고받으셨다. 말년에는 뜻을 거두시고 외부와 접촉 없이 조용하게 지내시며 더 이상 시를 짓지 않으셨다. 내가 어려서 일찍이 글 하나를 보았는데, 복지(復支) 스님이 돌아가신 부친의 운(韻)에 화답하여 지은 것으로, 지금은 그것을 잊어버렸다. 오직 책의 말미에서 〈응산의 최고봉을 지나며〉라는 절구 한 수를 볼 수 있는데, "들판의 풀은 푸르디푸른데 눈에 들어오니 새롭고, 돌아가는 구름은 비를 뿌려 가벼운 먼지 적시네. 지금 강북의 봄 다 가려 하는데, 아득한 강남은 사람을 죽도록 수심에 젖게 하네"이다. 이것은 숭정(崇禎) 무진(戊辰)의 봄에 지은 것이다.

先徵君[282]受學於伍學父[283]諱定相先生。先生詩文爲南楚[284]領袖。先徵君與仲父牧石[285]翁杖履周旋[286]，時相唱和；末年斂意深靜, 不復屬意。夫之幼曾見一箋, 爲釋復支[287]和先君韻者, 今忘之矣; 唯於卷尾得見〈過應山絕頂〉一絕句: "原草靑靑入望

---

282) 선징군(先徵君) : 왕부지(王夫之)의 부친 왕조빙(王朝聘). 그의 자(字)는 일생(逸生) · 수후(脩侯)다. 명(明) 만력(萬曆) 을묘(乙卯) · 신유(辛酉)에 두 차례 향시(鄕試) 부방(副榜)이 되었다. 평생 벼슬을 하지 않았으며, 은거하며 생을 마쳤다. 학자들이 그를 무이선생(武夷先生)이라고 불렀다.

283) 오학부(伍學父) : 오정상(伍定相). 자(字)가 학부(學父) · 옥현(玉鉉)으로, 형양(衡陽) 사람이다. 학문적으로 장재(張載)를 종주로 하였다. 천문 · 지리 · 병법 · 농업 · 수리 등에 관한 서적을 두루 탐독하여 박학으로 이름을 떨쳤다. 시(詩)와 문(文)에 모두 뛰어났다. 오학부는 종신토록 벼슬하지 않았으며, 향리에서 문도를 가르치며 일생을 마감하였다. 그는 왕부지의 부친 왕조빙(王朝聘)과 숙부 왕정빙(王廷聘)의 스승이었으며, 왕부지에게 사상에 있어서뿐만 아니라 시론에 있어서도 심대한 영향을 미쳤다.

284) 남초(南楚) : 지금의 후난성(湖南省) 일대를 말한다. 옛날에 호남(湖南)은 초(楚) 지역에 속했고, 남쪽에 위치했기 때문에 '남초(南楚)'라고 하였다.

285) 중부목석(仲父牧石) : 왕부지의 숙부 왕정빙(王廷聘)을 말한다. 그의 자(字)는 울중(蔚仲)이고, 호(號)는 목석(牧石)이다. 벼슬을 하지 않았으며, 은거하며 일생을 마쳤다.

286) 장리주선(杖履周旋) : 지팡이 짚고 천천히 걸어서 서로 왕래하며 교제하는 것을 말한다.

287) 석복지(釋復支) : 스님 복지(復支)를 말한다. 그에 대해서는 자세하지 않다.

新，歸雲將雨潤輕塵。只今江北春將盡，渺渺江南愁殺人。” 戊辰[288]春作也.

288) 무진(戊辰) : 명(明)나라 숭정(崇禎) 원년(元年), 즉 1628년을 말한다.

제3조
양동명(梁東銘) 선생의 시는 청아하고 빼어나

양동명(梁東銘) 선생[이름은 지인(志仁)]은 남경(南京) 사람으로 일찍이 우리 고향의 증순징(曾舜徵) 선생[이름은 봉의(鳳儀)]에게 수학하였고, 향거(鄕擧)로서 형양(衡陽)을 다스렸는데, 청렴한 집무로 인해서 상관과 화합하지 못하고 나전(羅田)의 지현(知縣)으로 좌천되었다. 명(明) 숭정(崇禎) 7년(1634)에 떠돌아다니는 도적 떼[流寇]가 성을 함락시키고 그를 죽였다. 관직에 임하여 번잡한 일이 많았지만, 시를 읊조리는 것을 폐하지 않았다. 그가 부채에 쓴 한 수의 절구 두 구절을 일찍이 본 적 있는데, "다시 와서 오직 찾을 곳 없을까 걱정하였는데, 벼랑 끝에 걸린 한 그루 고송 잘 기억되네"라고 되어 있으니, 청아(淸雅)하고 빼어나다고 할 수 있다. 또 〈알현하러 가는 도중에 형 숙계(叔稽)에게 보내며〉 근체시 4수 가운데 한 연에서 "강을 건너니 열흘 동안 술이요, 지붕을 덮으니 오경에 서리 내리네"라고 하였는데, 그것을 설능(薛能)의 시집 가운데 두어도 또한 빼어난 것이 된다.

梁東銘先生(志仁)[289]，上元[290]人,早受學於吾鄉曾舜徵先生[291](鳳儀)，以鄉擧宰衡陽，淸執不合於上官，左調[292]羅田[293]，甲戌[294]流寇[295]陷城，死之。涖官繁亢，不廢吟咏。曾見其書扇一絶二句云:“再來只恐無尋處，好記懸崖一古松。” 可謂淸絶。又〈入覲道中寄家兄叔稽〉近體四首中一聯云:“渡江十日酒，遮屋五更霜。” 置之薛許昌[296]集中, 亦爲拔萃矣。

289) 양동명(梁東銘) : 양지인(梁志仁). 자(字)가 동명(東銘)으로 남경(南京) 사람이다. 만력(萬曆) 말년에 향시에 합격하고, 숭정(崇禎) 6년에 형양(衡陽)의 지현(知縣)에 제수되었다가 나전(羅田)의 지현(知縣)으로 전임되었다. 농민기의군(農民起義軍)에 항거하였는데, 성이 격파되어 피살되었다.

290) 상원(上元) : 지금의 난징시(南京市).

291) 증순징(曾舜徵) : 증봉의(曾鳳儀). 자(字)가 순징(舜徵)이고, 호는 금간(金簡)이다. 형주(衡州)[지금의 후난(湖南) 헝양시(衡陽市)] 사람이다. 만력(萬曆)에 진사가 되었고, 예부랑중(禮部郎中)에 임관되었다가 사직하고서 돌아갔다. 육구연(陸九淵) 일파의 이학(理學)을 강론하였고, 형산(衡山)에 집현서원(集賢書院)을 세웠다.

292) 좌조(左調) : 좌천(左遷), 강직(降職).

293) 나전(羅田) : 지금의 후베이성(湖北省) 뤄톈현(羅田縣).

294) 갑술(甲戌) : 명(明) 숭정(崇禎) 7년(1634).

295) 유구(流寇) : 왕부지는 이자성(李自成) · 장헌충(張獻忠) 등의 농민기의군(農民起義軍)을 '유구(流寇)'라고 불렀다.

296) 설허창(薛許昌) : 설능(薛能). 자(字)가 대졸(大拙)이고, 분주(汾州)[지금의 산시(山西) 시현(隰縣)] 사람이다. 당(唐)나라의 시인으로

《설허창시집(薛許昌詩集)》이 있다.

제4조
망우(亡友) 문소용(文小勇)의 유유자적한 생활

세상 떠난 친구 문소용(文小勇)[이름은 지용(之勇)]의 시구에 "사람들은 누구를 좇아서 글자를 물을까? 바람은 문을 열 수 없네"라고 되어 있다. 이것은 강서종파(江西宗派)의 시체 가운데 자연히 뛰어난 경지를 차지하고 있으니, 그의 황량하고 곤궁한 모습, 고고하고 세속을 초월한 정취가 또한 대략 드러난다. 문소용(文小勇)은 교외의 한 허물어진 집을 세내 거처하였고, 매일 아침 쌀을 사다가 밥을 지어 먹었으나, 하루 종일 독서에 전념하였고, 노래하고 휘파람 불며 꿋꿋하게 지내면서 유유자적하였다. 이 사람이 세상을 떠난 뒤에는 슬퍼하며 빈곤을 걱정하고, 아직 장년이 되지 않았는데 기가 쇠한 것이 풍조를 이루어, 더 이상 이러한 풍미를 알지 못했다.

亡友文小勇297)(之勇)有句云: "人誰從問字, 風不可開門。" 於江

---

297) 문소용(文小勇) : 문지용(文之勇)은 자(字)가 소용(小勇)으로, 형양(衡陽)[지금의 후난성(湖南省) 형양시(衡陽市)] 사람이다. 왕부지(王夫之)와 더불어 광사(匡社)의 사우(社友)이다. 순치(順治) 4년에 병란

西宗派體中, 自居勝地; 而其荒涼寒苦之狀, 簡傲絶俗之致, 亦槪可見矣。小勇所居, 僦郊外一破屋, 每旦待糴而炊, 而長日一卷, 嘯傲自如。斯人亡後, 戚戚憂貧, 未壯而氣衰者, 成乎風俗, 不復知此風味矣。

으로 죽었다.

제5조
대련(對聯)은 간명(簡明)함을 위주로 하기 때문에 공교하기 어려워

대련(對聯)을 대문이나 기둥 위에 붙이는 것은 춘첩(春帖)의 변체로 간명함을 위주로 하기 때문에 공교하기가 더욱 쉽지 않다. 기묘(己卯)년(1639)에 악(鄂)으로부터 돌아와 성릉기(城陵磯)에 이르렀는데, 바람이 세차서 돛대가 부서졌으나, 다행히 육지로 올라올 수 있었다. 강가의 자갈밭을 걸어서 악양(岳陽)에 이르러, 악후사(岳侯祠)에서 조금 쉬면서, 왕영조(王永祚) 선생이 사당(祠堂)의 기둥에 써놓은 시를 보았는데, "신하 되어서는 충성하다 죽어야 하고, 자식 되어서는 효도하다 죽어야 하니, 대장부는 당연히 이처럼 해야 한다. 남쪽 사람은 남쪽으로 돌아가고, 북쪽 사람은 북쪽으로 돌아가니, 작은 조정이 어찌 살 길을 구할 수 있겠는가?"라고 되어 있다. 진실로 간결하면서도 절실하게 감동을 주는 것이다. 경인(庚寅)년(1650) 가을에 중승(中丞)인 정고애(鄭古愛)를 소주(昭州)에서 만났다. 정고애가 황학루(黃鶴樓) 기둥의 글귀 가운데 어느 것이 뛰어난가 물었지만, 나는 대답하지 못했다.

정고애가 "'모래섬 위에는 예형(禰衡)의 천년 한이 서려 있고, 황학루에는 최호(崔顥)의 시 한 수가 쓰여 있네'가 어찌 독보가 아니겠는가?"라고 말했다. [자유(子遺)는 이름이 고애(古愛)이고, 강하(江夏) 사람이다.]

揭偶句於門廡柱壁, 蓋春帖之變體也, 以簡故, 益不易工。己卯298)自鄂歸, 至城陵磯, 風厲檣折, 幸得登陸, 步自磯上, 走岳陽, 小憩岳侯祠, 見王澄川先生諱永祚299)題祠柱云: "爲臣死忠, 爲子死孝, 大丈夫當如此矣。南人歸南, 北人歸北, 小朝廷豈求活邪?" 允爲警切矣。庚寅300)秋, 與鄭子遺301)中丞遇於

---

298) 기묘(己卯) : 명(明) 숭정(崇禎) 12년 기묘(己卯)년(1639)을 말한다. 왕부지가 21세가 되었을 시기이다. 왕부지는 이해에 그의 장형 왕개지(王介之)와 중형 왕참지(王參之)를 따라 무창(武昌)에 가서 향시에 응하였는데, 가을에 그의 장형 석애공은 부방(副榜)이 되었다. 왕부지는 이들과 함께 돌아오면서 성릉기(城陵磯)에 이르러 바람을 만난 것이다.

299) 왕징천(王澄川) : 왕영조(王永祚). 자(字)는 징천(澄川). 곤산(崑山)[지금의 장쑤(江蘇)] 사람이다. 숭정(崇禎) 시기에 상강방병비첨사(上江防兵備僉事)·초독학사(楚督學使)·치운순무(治鄖巡撫)의 벼슬을 맡았다. 순치(順治) 4년에 고염무(顧炎武)·오기항(吳其沆)·귀장(歸莊) 등과 함께 항청(抗淸) 활동을 하였는데 성공하지 못하자 은둔하다가 생을 마감했다.

300) 경인(庚寅) : 청(淸) 순치(順治) 7년 경인(庚寅, 1650). 명(明) 계왕(桂王) 영력(永曆) 4년, 왕부지의 나이 32세에 해당한다. 이해 가을 7월

昭州[302]。子遺問黃鶴樓柱帖誰佳，余未有以對。子遺云：“'禰衡洲上千年恨。崔顥樓頭一首詩。' 豈非獨步?”(子遺名古愛，江夏人。)

에, 왕부지는 자신의 부인 정씨(鄭氏)와 함께 그의 둘째 형의 아들 미(敉)를 데리고 오주(梧州)를 떠나서 소평(昭平)를 거쳐서 평락(平樂)에 이르러 정고애(鄭古愛)를 만났다.

301) 정자유(鄭子遺) : 정고애(鄭古愛). 자(字)가 자유(子遺)이고, 강하(江夏)[지금의 후베이(湖北) 우한시(武漢市)] 사람이다.

302) 소주(昭州) : 대홍삼은 각 판본에는 모두 '소주(韶州)'로 되어 있는데 잘못이고, '소주(昭州)'가 되어야 옳다고 하였다.

제6조
임오(壬午)년 초가을에 벗들과 회동

숭정(崇禎) 15년(1642) 초가을에 황강(黃岡)의 왕우기(王又沂)[이름이 원증(源曾)]·웅위공(熊渭公)[이름이 천(汞)]이 황학루(黃鶴樓)에서 뜻을 같이 하는 사람들과 회동하였는데, 참여한 사람이 백여 명으로 각기 운을 가지고 시를 지었다. 웅위공이 4언시를 지었는데, 그 끝장에는 "나무 끝 바라보니, 좋은 꽃 훨훨 날리네. 청명의 좋은 기운에 기둥 앞에서 왕성하게 피었네"라고 하였다. 웅천(熊汞)은 상복을 벗는 제사로 인하여 가을 과거시험에 참여하지 못하고, 뜻을 같이 하는 사람들을 축하하기 위해 시를 지은 것이니, 뜻이 범속과 천근으로 떨어지지 않았다. 청명(淸明)이라는 것은 어찌 과거(科擧)의 명성이 그것에 상당(相當)할 수 있겠는가? 웅천은 독실한 뜻과 바른 학문을 가지고 있었는데, 〈이문손에게 치지(致知)를 논하는 글을 준다〉라는 글을 지어 왕수인(王守仁)의 사벽(邪僻)을 깨뜨렸다. 나를 위해 시에 서문을 썼는데, 소식(蘇軾)·진관(秦觀)을 경계하도록 하였다. 《위휼(緯恤)》 한 질(帙)을 지었는데 모두 4언으로 "황제께서 원로에게 명하셨네, 황제 수레에 황제 깃발로. 황제 수레에 황제 깃발로, 그에게 명하였지만 지키지 못하였네"라고 되어 있다. (이것은) 양사창(楊嗣昌)이 형주(荊州)와 양양(襄陽)에서 일을 망치고 죽은 것을 회고하여 꾸짖은 것이다.

壬午303)初秋, 黃岡王又沂304)(源曾)、熊渭公305) 䨂會同人於黃鶴樓, 與者百人, 各拈韻賦詩。渭公作四言, 末章云: "試望木末, 好花翩翩。淸明佳氣, 勃發楹前。" 渭公以禫制306)不與秋試, 爲同人祝也, 命意不落凡近。淸明者, 豈科名足以當之? 渭公篤志正學, 有〈與李文孫論致知書〉,破姚江307)之僻。爲余序詩308),

---

303) 임오(壬午) : 숭정(崇禎) 15년(1642).

304) 왕우기(王又沂) : 왕원증(王源曾)으로 자(字)는 우기(又沂)다.

305) 웅위공(熊渭公) : 웅천(熊䨂). 자(字)가 위공(渭公)이고, 황강[黃岡, 지금의 후베이(湖北)에 속함] 사람으로, 무창(武昌)으로 이주하였다. 숭정(崇禎) 16년(1643)에 농민기의군(農民起義軍)이 무창(武昌)을 함락하자 물에 빠져 죽었다.

306) 담제(禫制) : 상복을 벗는 제사로, 대상(大祥)을 지내고 한 달 뒤에 지낸다.

307) 요강(姚江) : 요강(姚江)학파를 가리킨다. 요강학파는 왕수인(王守仁)이 창건하였다. 그는 명대(明代) 심학(心學)의 대표적 인물로, 육구연(陸九淵)을 계승하였다. 주관유심주의자에 속한다. 절강 여요(浙江余姚)에 거처하였기 때문에 이와 같은 이름을 얻었다.

308) 위여서시(爲余序詩) : 여기에서 '시(詩)'는 왕부지의 시집《건도원

以眉山、淮海309)爲戒。著〈緯恤〉310)一帙, 皆四言也, 有云: "帝命元老, 黃屋左纛。黃屋左纛, 命之莫保。" 以追刺武陵相荊襄僨事而死311)也。

초각(漧濤園初刻)》을 가리킨다. 웅천은 일찍이 왕부지의 시집《건도원초각》의 서문을 지은 바 있다.

309) 미산(眉山), 회해(淮海) : 소식(蘇軾)과 진관(秦觀).

310) 〈위휼(緯恤)〉 : 이 책은 전해지지 않는다. 책의 이름은《좌전(左傳) · 소공(昭公)》 24년의 다음의 말에서 유래되었다. "사람들이 하는 말이 있는데, 과부가 그 씨실을 염려하지 않고, 종실인 주나라가 무너지는 것을 우려한다고 하였습니다. 그것은 환난이 그녀에게 미치기 때문입니다. 지금 왕실은 사실 동란으로 불안하니, 우리와 같은 소국은 두렵습니다. 그러나 대국의 우려를 우리가 어떻게 알겠습니까(抑人亦有言曰: 嫠不恤其緯, 而憂宗周之隕。爲將及焉。今王室實蠢蠢焉。吾小國懼矣。然大國之憂也, 吾儕何知焉)?"
이것은 당시에 명(明)의 조정에서는 정치가 혼란스럽고, 지방에서는 동란이 성행하니 시국을 애달파하고 명(明)의 멸망을 우려하는 것이다.

311) 무릉상형양분사이사(武陵相荊襄僨事而死) : 양사창(楊嗣昌)은 자(字)가 문약(文弱)으로 무릉(武陵)[지금의 후난(湖南) 창더시(常德市)] 사람이다. '무릉상(武陵相)'은 그의 본적으로 그를 지칭한 것이다. 그는 숭정(崇禎) 12년에 내각수보(內閣首輔) 겸 병부상서독사(兵部尙書督師)로서 지방의 동란을 진압하였다. 양양(襄陽)을 근거지로 하여 양호(兩湖) · 사천(四川) 등을 옮겨 다니며 전투를 하였다. 14년에 이자성(李自成)의 군대는 낙양(洛陽)을 공격하여 함락시켰고, 복왕(福王)인 주상순(朱常洵)이 피살되었다. 또한 장헌충(張獻忠)의 군대는 양양(襄

陽)을 공격하여 함락시켰고, 양왕(襄王)인 주익명(朱翊銘)이 피살되었다. 양사창은 죄를 두려워하여 형주(荊州)에서 독약을 마시고 죽었다. "일을 망치고 죽었다(僨事而死)"라는 것을 바로 이를 가리킨다.

제10조
고휘전(高彙旃) 선생의 귀감이 되는 말

고세태(高世泰) 선생이 선비들을 선발하여 염계서원(濂溪書院)에서 그들을 학습시켰는데, 성시(省試)가 끝나자 여러 명의 급제하지 못한 사람들을 시로 위로하였다. 그 한 연에서 "새는 높은 나무에서 짝을 위로하여 울고, 물고기는 무창(武昌)을 부러워함이 없네"라고 하니, 우의(友誼)를 돈독하게 여기고 명성을 가볍게 여기는 뜻을 담고 있다. 인격을 가르치는 스승으로서의 말이다.

高彙旃312)先生選士於濂溪書院 課習之, 省試313)後, 慰諸不第

---

312) 고휘전(高彙旃) : 고세태(高世泰). 자(字)가 휘전(彙旃)이고 무석(無錫) 사람이다. 고반룡(高攀龍)의 종질(從姪)이다. 그의 사상은 동림학파(東林學派)에 연원을 두었고, 강학(講學)에 있어서는 주희(朱熹)를 위주로 하였다. 숭정(崇禎) 시기에 호광제학첨사(湖廣提學僉事)의 벼슬을 맡았다. 청(淸)이 들어서자 은거하며 벼슬에 나아가지 않고 일생을 마쳤다. 고세태가 시험 행정관리를 맡았을 때 세시(歲試), 과시(科試)에서 모두 왕부지(王夫之)를 일등에 들게 했고, 왕부지의 '시예(時藝)'에 대해 "충성스런 마음과 의로운 용기가 있고, 감정이 문구에 표현되었다(忠肝義膽, 情見乎詞)"(《龍源夜話自序》)라는 평을 하였다. 왕부지

者以詩, 一聯云: “鳥自嚶喬木, 魚無羡武昌。” 敦友誼, 薄榮名, 人師[314]之語也。

는 여러 차례 그를 스승으로 칭하였다. 고세태는 왕부지에게 사상적으로 중요한 영향을 미친 사람 중의 하나이다.

313) 성시(省試) : 각 성에서 거행되었던 고시. 향시(鄕試)라고도 함.

314) 인사(人師) : 인간의 도리를 가르치는 스승. 한편 ‘경사(經師)’는 경서의 지식을 가르치는 스승을 말하는데, 진(晋)나라 원굉(袁宏)의 《후한기(後漢紀)》 등에 다음과 같은 말이 보인다. “경사를 만나기는 쉬우나, 인사를 만나기는 어렵다(經師易遭, 人師難遭).”

해설

왕부지(王夫之)의 100여 종 400여 권에 이르는 저작은 그가 세상을 떠난 뒤에도 오랫동안 매몰되었다. 왕부지는 만년에 궁핍한 생활을 해 서적은 물론 저술에 필요한 종이나 붓마저도 살 수가 없어서 친한 친구나 문생들에게 빌려야만 했다. 저작이 완성되면 그들에게 주어버렸기 때문에 그의 후손에 남겨진 것은 없게 되었다. 또한 어떠한 유명 인사와도 교분이 없이 오로지 학문 연구에만 몰두하여 그의 이름이 거의 알려지지 않았다. 그리고 왕부지는 청조(淸朝)에 끝까지 저항하였기 때문에 그의 저작들은 대부분 금서(禁書)로 지목되었다.

왕부지 사후 10여 년 만에 아들 왕어(王敔)가 친지의 도움을 받아서 10종의 유저를 정리, 간각하였지만 전파의 범위가 넓지는 못하였다. 그 뒤 왕부지의 저작들이 수집되고, 세인들의 관심이 높아지자 몇 차례 간각이 진행되었다. 1842년에 왕부지 후손의 수장본이 《선산유서(船山遺書)》로 간각되었는데 모두 18종이었다. 1865년에 증국번(曾國藩)·증국전(曾國荃) 형제가 금릉(金陵)에서 《선산유서》를 간각하였는데 56종 288권이었다. 1933년에 상하이(上海) 타이핑양수뎬(太平洋書店)에서 70종에 이르는 《선산유서》를 출판하였다. 최근 중국(中國) 후난(湖南) 위에루수서(嶽麓書社)에서는 1988년에서 1996년까지 장기간의 계획을 세워 그동안의 각종 판본들을 참고, 대조하여 엄밀한 교열과 정확한 표점작업을 하여 획기적인 전 16책의 《선산전서(船山全書)》를 출간하였다.

왕부지의 저작 가운데 《강재시화(薑齋詩話)》란 명칭은 본래 왕부지에 의하여 명명된 것이 아니다. 1843년에 추한훈(鄒漢勛) 등이 편찬, 교열하고 등현학(鄧顯鶴) 등이 교감하여 18종 150권의 《선산유서》를 간각하였는데, 등현학이 왕부지의 저작 중에서 《시역(詩譯)》, 《석당영일서론내편(夕堂永日緒論內篇)》, 《남창만기(南窗漫記)》를 각각 권일(卷一) 《시역》, 권이(卷二) 《석당영일서론내편》, 권삼(卷三) 《남창만기》라 하여 이를《강재시화》 삼권이라 한 데서 유래되었다. 그러나 정복보(丁福保)의 《청시화(淸詩話)》에서는 《시역》과 《석당영일서론내편》 2권만을 《강재시화》에 포함시켰다. 대홍삼(戴鴻三)의 《강재시화전주(薑齋詩話箋注)》(이하《전주(箋注)》로 약칭)에는 이상의 4권 모두를 전주(箋注)의 대상으로 하였지만, 《석당영일서론외편》을 부록(附錄)으로 처리하였다. 악록서사

(嶽麓書社)의 《선산전서(船山全書)》 15책의 《강재시화》에는 이상의 4권 모두를 포괄하였다. 이처럼 왕부지의 《강재시화》는 편자의 시각에 따라 달리 편제되었다.

본서는 《시역》, 《석당영일서론내편》, 《석당영일서론외편》, 《남창만기》 4권 모두를 역주 대상으로 하고, 이와 같은 순서로 편제한다.

《시역》은 총 16조(條)인데, 왕부지가 《시경(詩經)》의 시구들을 예술 관점에서 분석, 해석하여 각종의 시가 예술론을 제기한 것이다. 본서는 총 9개 조를 발췌, 역주하였다. 이를 통해 왕부지가 《시경(詩經)》의 시구들을 예술 관점에서 분석, 해석한 것을 살필 수 있다. 예를 들면, 경물 묘사에서 '외부와 내부가 합일되어야 한다'는 것, '상상 속에서 상상을 취하는 것', '시인의 뜻이 언어로 표현되기 전에도 온양되어야 하고 언어로 표현된 뒤에도 감돌아야 한다'는 것, '즐거운 경물로 슬픔을 묘사하고, 슬픈 경물로 기쁨을 묘사'하는 것, '운(韻)과 의(意)가 함께 전환되어서는 안 된다'는 것 등이다.

《석당영일서론내편》은 총 48조인데, 왕부지가 역대 시인들의 작품을 분석, 품평하여 자신의 시가에 대한 여러 가지 관점, 견해 등을 밝혀놓은 것이다. 본서는 총 23개 조를 발췌, 역주하였다. 이를 통해, 역대 시인과 작품에 대한 평가, 시가의 생성과 본질, 시가의 예술형상, 시가의 효용, 역대 시가의 변화와 발전, 시가의 형식과 법도, 시가의 풍격, 문파 성립의 배경과 역사 그리고 그것의 폐단과 악습, 악시(惡詩)가 개인적, 사회적으로 미치는 해악 등을 살필 수 있다. 그리고 선진(先秦) 시대로부터 논의된 '정경(情景)' 관계에 대한 이론적 총결과 성취를 살필 수 있다.

《석당영일서론외편》은 총 54조인데, 경의(經義)에 대한 논의서이다. 본서는 총 16개 조를 발췌, 역주하였다. 이를 통해 왕부지의 경의에 대한 관점과 당시 경의의 작가, 작품, 작법 경향 등에 대한 품평 등을 살필 수 있다.

《남창만기》는 총 32조인데, 왕부지가 호남(湖南) 형양(衡陽) 지방의 문인들과의 화창 활동 및 당시 그 지역 문인들의 문학 활동을 기록한 것이다. 본서는 총 6개 조를 발췌, 역주하였다. 이를 통해 당시 호남 형양 지방 문인들의 문학 활동 양상을 살필 수 있다.

동서고금의 시론 연구가들은 《강재시화》에 대해 많은 관심을 가졌다. 우선 왕부지는 《강재시화》를 통하여 중국 시론에서 핵심 문제인 '정경교융(情景交融)'의 이론과 실천 체계를 완성하였다. 때문에 중국 시론 연구가들은 '정경교융'의 문제를 탐구하는 데 있어서 왕부지의 《강재시화》의 '정경교융'에 관한 논술을 그들 논의의 입론과 결론으로 삼았다. 또한《강재시화》는 공자(孔子)의 '흥관군원(興觀群怨)'에 대한 해석에서 주목을 받았다. 왕부지는 공자의 '흥관군원'을 심미적으로 해석하고 참신하게 운용하고 독창적으로 발휘시킴으로써 그것이 시가의 창작, 비평, 감상 원리가 되게 하였다. 공자의 '흥관군원'은 실로 왕부지에 의하여 하나의 새로운 시론 유산이 되었다. 그리고《강재시화》는 유가 전통을 대전제로 하면서 도(道), 불(佛)로부터 사상적, 미학적 요소를 흡수하고 또한 서화(書畵) 등 각종 예술 영역에서 예술 관점을 수용하고 있다는 점에서 특색을 지니고 있다.

《강재시화》는 왕부지의 시가 사상과 예술 이상, 시가 사유와 비평 정신, 시가의 체제, 시가와 역사 등에 대한 진귀한 심미 관점이 반영되어 있는 시론 저작이다. 그러나 지금까지 국내외에서《강재시화》에 대한 역주가 진행되지 않아 그의 시론의 정수를 향유할 수 없는 안타까움이 있었다. 물론 민국 71년에 다이홍산(戴鴻三)의《강재시화전주(薑齋詩話箋注)》, 2000년에 장롄디(張連第) 전석(箋釋)의《강재시화(薑齋詩話)》가 나오기는 했지만, 모두 주(注)만 되어 있어서《강재시화》의 내용을 이해하기가 쉽지 않다.

필자는 왕부지의 탁월하고 정채(精彩) 있는 시론이 몇

세기 동안 어둡고 구석진 서가의 한쪽에서 빛이 바래가고 있는 것을 안타깝게 생각하였다. 이에 무지몽매를 무릅쓰고 왕부지의 《강재시화》 가운데서 핵심이 되는 부분을 골라 역주하였다. 필자의 천박한 재주와 학식은 왕부지 시론의 전당에 들어 그의 오묘한 시론을 조명해내는 데 역부족이라는 것을 안다. 그러나 그것에 대한 열정만은 남음이 있다고 자부하고 싶다.

본서는 1995년, 중국(中國) 후난(湖南) 위에루수서(嶽麓書社)에서 출판된 《선산전서(船山全書)》 15책(冊)의 《강재시화(薑齋詩話)》의 표점과 판본을 저본으로 하고, 진링제수(金陵節署), 타이핑양(太平洋) 판본을 참고로 하였다.

본서는 국내 최초로 역주를 시도했다는 점에서 그 의의가 있다. 그러나 역주에는 미진한 부분과 오역이 있다는 것을 자인한다. 이에 대해서는 독자 제현의 가르침을 바라고, 향후 완역의 지면을 마련하여 수정의 기회를 갖고자 한다.

끝으로 필자의 인생과 학문의 스승님으로, 부족한 제자를 사랑과 애정으로 항상 보살펴주시고, 졸고를 한 글자 한 글자 교정해 주시며 오역을 바로잡아 주신 은사 이동향(李東鄕) 선생님께 머리 숙여 감사드린다.

지은이에 대해

왕부지(王夫之, 1619~1692)는 자(字)가 이농(而農), 호(號)는 강재(薑齋)이며, 호남(湖南) 형양(衡陽) 사람이다. 만년에 형양 석선산(石船山)에 은거하여 후인들은 그를 선산선생(船山先生)이라 불렀다. 명말청초(明末淸初)의 위대한 사상가, 애국주의자, 유물주의자다. 명말청초의 시대적 격변 속에서, 왕부지는 청(淸)에 저항하여 형산(衡山)에서 기의(起義) 했고, 청(淸)의 체포를 피해 여러 지역을 유랑했다. 남명(南明)의 영력(永曆) 정권에서 명(明)의 부흥을 꿈꾸었지만, 당시 정치현실에서 환멸과 분노만을 느꼈다. 만년에 석선산으로 돌아와 모옥(茅屋)을 지어 은거하며 생명이 다하는 순간까지 학문연구에 몰두하여 100여 종 400여 권에 달하는 고귀한 정신유산을 역사상에 남겼다. 그중 《주역내 · 외전(周易內 · 外傳)》, 《상서인의(尙書引義)》, 《독사서대전설(讀四書大全說)》, 《독통감론(讀通鑑論)》, 《장자정몽주(張子正蒙註)》 등은 그의 사상을 대변하는 것이다.

옮긴이에 대해

조성천(趙成千)은 고려대학교 중어중문학과를 졸업했다. 고려대학교 대학원 중어중문학과에서 〈왕선산 시론 연구(王船山詩論硏究)〉로 석사학위, 〈왕부지(王夫之) 시학(詩學)의 연구〉로 박사학위를 받았다. 고려대·홍익대 강사를 거쳐 현재 을지대학교 교수로 재직 중이다.

중국 문학 비평을 전공, 중국 시론(詩論)을 연구했는데, 왕부지의 문예 사상을 집중 조명하고 있다. 그 저서로 《왕부지 시가 사상과 예술론 연구》, 역주서로 《강재시화(薑齋詩話)》 등이 있다. 그 논문으로 〈중국 시론상 '흥회(興會)'의 역사성과 문예 미학적 의의〉, 〈왕부지 시론상의 온유돈후(溫柔敦厚)론〉, 〈王夫之의 李白詩歌 품평론〉, 〈왕부지 두보 시가 창작에 대한 비평론〉, 〈왕부지의 역대 시론 수용 양상〉, 〈왕부지의 두보 시가에 대한 호평론(好評論)〉, 〈王夫之의 蘇軾 詩文 비판론 初探〉, 〈王夫之《夕堂永日緖論·外編》의 '經義' 論 고찰〉, 〈王夫之 〈連珠〉의 형식과 표현수법 연구〉, 〈王夫之《連珠二十八首》의 明朝에 대한 志操·忠貞사상과 反淸의식 고찰〉, 〈王夫之의 시가와 음악의 화해 미학〉 등이 있다. 이외에, 왕부지의 《薑齋文集》에 대한 다수의 역주 연구가 있다.

원서발췌 강재시화

지은이 왕부지
옮긴이 조성천
펴낸이 박영률

초판 1쇄 펴낸날 2012년 3월 12일
개정1판 1쇄 펴낸날 2026년 1월 20일

커뮤니케이션북스(주)
출판등록 제313-2007-000166호(2007년 8월 17일)
02880 서울시 성북구 성북로 5-11
전화 (02) 7474 001, 팩스 (02) 736 5047
commbooks@commbooks.com
www.commbooks.com

ⓒ 조성천, 2026

지식을만드는지식은
커뮤니케이션북스(주)의 고전 출판 브랜드입니다.
이 책은 저작권자와 계약해 발행했으므로, 본사의 서면 허락 없이는
어떠한 형태나 수단으로도 이 책의 내용을 이용할 수 없습니다.

ISBN 979-11-430-1726-0 03820

책값은 뒤표지에 있습니다.